宇宙は一つの燭台

私の宇宙観

鳥 山 英 雄

南窓社

アテネの夕景（1980年2月27日、鳥山画）

まえがき

私は少年時代から札幌市の西郊、円山公園の近くに住んでおりました。夏には、よく虫捕りをしたり、家族でハイキングなどに出掛け、夜は家族一同で星空を楽しく眺めておりました。冬になると一同は、防寒具に身をつつみ、白銀一色の中に立ち、星空を仰ぎました、それはまことに荘厳なもので、全く圧倒されました。

札幌の一、二月、猛吹雪が数日つづいた直後の夜空はまさに一つの絶景です。大小無数にダイヤのように輝く、満天の星を眺めていると、おのずから身がひきしまり、これはただごとではないと感ぜざるを得ないのです。深い感動を覚えました。

私は昨年（二〇一七年）の三月に大腿骨を骨折し、数か月入院生活をいたしました。その間私は自著『生命・科学・信仰』[1]と『学究生活七十年』[2]の中で述べた、宇宙に関する文章を読み返すうちに、本書を著述する創意を得たのです。本書は、科学者として、またキリスト者としての私の思想の総まとめでもあります。若い方々が、時間をかけて、ゆっくりお読み頂けますと、まことに幸いに思います。

二〇一八年十一月三日

神奈川県・藤沢

鳥　山　英　雄

注

（1）鳥山英雄著『生命・科学・信仰――一生物学者の思索と随想』南窓社、一九九〇年。

（2）鳥山英雄著『学究生活七十年――北大で学び東京女子大で講じたこと』南窓社、二〇一四年。

なお、第Ⅰ章、第Ⅴ章、第Ⅶ章は新たな書下ろしです。第Ⅹ章の1と6は『生命・科学・信仰』から、以上以外は『学究生活七十年』から再録したものです。

宇宙は一つの燭台——私の宇宙観　目次

宇宙は一つの燭台

――私の宇宙観――

この著述を

私の祖父母　鳥山善十・とき
　　　　　　鈴木友藏・つる　の霊にささぐ

I　少年時代の感動の二、三

1

私は一九二四（大正十三）年六月二日に仙台市の石名坂で生まれた。その当時、父はロンドンに滞在していたので、英国にちなんで英雄と名づけられた。その後父はドイツのアーヘン工科大学に留学し、一九二七（昭和二）年に帰国し、翌年の五月に北海道帝国大学工学部の教授として赴任した。

かくして、両親と姉と私の四人家族は札幌での生活をはじめることになった。

最初の住居は市街地の東部に位置し、工場なども近くにある苗穂《なえぼ》地区であった。そこには一年半ほど留まったが、父母は生活の場を、市街地の西部にある円山の麓に定め、洋風の住宅を新築した。付近一帯は畑であり、広い庭は原野と原生林につらなっていた。この豊かな自然の大地が私の少年時代の生活の場であった。

私が五歳。姉が七歳の頃であったと思う。忘れ難い記憶がある。一月か二月の寒い夜であった。一家団欒の夕食をすませると家族全員は防寒具に身をつつみ、氷点下十数度の戸外に出た。私と姉は玄関からほど近い所で、白い息をはきながら白銀の世界を見つめていた。家からやや離れた雪原野に立った父と母は、小躍りする格好で夜空を仰ぎ、その素晴らしい星々の輝きに歓声をあげていた。その姿は今も私の脳裏にある。当時、父母たちは三十代のはじめであったので、きっと幸福な時をすごしていたに相違ない。私と姉とは手袋をしたままの手を取りあって、上目づかいに星空をチラリと眺めては「こわいね」と身をよせあっていた。

札幌の一、二月、猛吹雪の後の晴れわたった夜空は一つの絶景である。地上は白銀一色の世界、その上に広がった全天はダイヤモンドをちりばめた、畏ろしいほどの星空である。静寂の中でしばらく眺めていると、これはただごとではないという思いが強くなる。

それは少年の私にとって忘れ難い感動となった。

2

私が小学校二年生の初夏であった。父は北大工学部の教授（電気工学）をしていたが、その年の七月パリで開催される国際電気学会に出席し、研究発表することになった。これは我が家にとっては、まことに特筆すべき心はずむことで、一同の気分は高揚した。せっかくの機会であるので、母の提案により湯川温泉《ゆのかわ》に立ち寄り、それから函館において父を見送ろうということになった。

初夏のある朝、私たち一家は、それぞれ正装をして、札幌の駅に行き、函館行きの急行に乗ることになった。私たちは、機関車にもっとも近い位置にある二等車に近づいた。すると、制服制帽姿の駅長は、私を手まねきしてくれた。私はちょこちょこと彼の側に近づいた。

そこには圧倒的な鉄の塊が輝いていた。私は呆然と立ち、小山のようにそびえていた機関車を凝視するのみであった。あの時の強い感動は生涯忘れ得ないであろう。機関車本体の黒、金色に輝く車輪、所々に赤い色、以上の三色と機構の美しさの強い印象は私の脳裏にあざやかに残っている。

3

私たちが生活を始めた頃の札幌には、すべての点において新風が吹いていたように思われる。誠文堂新光社から発行されていた『子供の科学』には新時代の到来を告げているような楽しさがあった。

そのある号に、稲野雅一氏のライト・プレーンの作り方という記事があった。それは、ゴムまきの模型飛行機についてであった。私は、これを夢中になって読みはじめ、非常に楽しい経験と一つの感動をすることになる。クラスの友人の話によると、模型飛行機の材料を売っている店は、札幌市の東端にある市場の一角にあるという。私は勇をふるって、一人で買い物の冒険に出かけた。詳細は述べるいとまがないが、ともかく材料の入手は十歳の子供にとっては大仕事であった。

いよいよ模型づくりであるが、稲野氏の詳細な設計図にしたがって、数日間は、指先を傷だらけにしながら、机の前にくぎづけになった。本来ならば中学の上級生がとりくむ程度のものを小学三年生がとりくんでいるのである。ただ作りたい一心で、夢中になっていた。

ともかくやっと作りあげた。私は作りたてのライト・プレーンを持ち、円山公園グランドに出かけた。天気のよい日は、いつも子供たちが思い思いに飛びまわっていた。

ライト・プレーンを持った私を見つけるとクラスの友人たちが五、六人集まってきた。プロペラの動力となるゴムを充分にまくと、いよいよ最初の一投である。フワリと軽く飛び上がる。予想以上にどんどん上昇する。公園のグランドの上空は、上昇気流が発生しているためか、飛行機は飛びつづける。まさに大成功、やがて水平飛行となり、すこしずつ下りはじめる。その先には高さ三十メートルはあるカラマツ（落葉松）があるではないか。飛行機は上方にある枝にひっかかってしまう。万事休す。私はその場にしゃがみ込んでしまう。

その時、「オレがとってやる」と一言つげると、ひとかかえもあるカラマツにとびついて、上方の枝にまでたどりつき「飛行機を落とすぞ」と叫んだ。飛行機は斜めに滑空し、無事に私の手もとにもどった。

この数分間のドラマの主人公は、クラスメイトの高橋きくお君であった。彼は転校生であり、常々はあまり交わりがなかったのである。私は彼がグランドに来ていることも知らなかったのである。

私は、彼の機敏な勇気ある行動に深く感動した。生涯彼の行動は、忘れることはできない。

Ⅱ　宇宙における人間の位置

人間はだれ一人として、単独で生きていくことはできない。現在、私たちは、およそ四十億人の同胞と共に、多くの動植物群によって構成されている生態系の一員として、無数の生きものたちと共に生きている。その場は、地球上の表面に展開されている「生物圏」と呼ばれる球面空間である。この空間における生命のドラマは、太陽系においてはわが地球のみで実現している。

太陽系も、それのみで単独に存在しているのではなく、数千億個の仲間たちと、その直径が十万光年という巨大なる、わが銀河系の一員として運行している。また、多くの銀河系宇宙は、あたかも大洋における島のように配置され、多くの島宇宙を包含する大宇宙が私たち人間の究極的な環境である。

以上は、現代科学が描く宇宙像の大要である。これが正しいものならば、私は、人間という存在は、まことにささやかな、「大宇宙の微分子」と思わざるを得ないのである。

宇宙の微分子である人間は、言うまでもなく身体をそなえている。その身体は、各種の器官の円滑な働きによって支えられ、各器官はそれぞれ数億個の「精緻を極めた細胞」の有機的な結合によって保たれている。私たちが摂取した食物が、生命現象を支えるエネルギーに変換する過程は、ミトコンドリアと呼ばれる細胞内器官において、筆舌につくし難いほどの、驚くべき精緻な生化学反応として進行している。一人の人間が生きるという一見、平凡にみえる事実の深奥には、おどろくべき精妙ないとなみが絶えまなく行なわれているのである。

また、人間には他の動植物にはみられない、知的な働きがある。すぐれた感覚器官と発達した脳と神経系の共働によって、人々は外界を認識し、これを言語化して、壮大なる知的世界を構成する。これらは言うまでもなく、人間自身を含めた宇宙万有の映像なのである。

私はこのような人間存在を顧みるとき「人間は宇宙の微分子であると同時に、宇宙自体を映し出す鏡である」という考えに到達する。これは自然科学者としての私の一つの人間観と言えるかも知れない。そしてまた次のように思いめぐらす。『宇宙の微分子である人間が宇宙自身を知ること、これは『宇宙の自己認識』と表現すべき事態である」と。

他方、ユダヤ・キリスト教思想においては、人間を含めた宇宙万有を、創造主なる神によって創造《つく》られたもの、すなわち「被造物」としてとらえている。この被造物（宇宙万有）の構造性を明らかにするのが科学の立場であるが、キリスト教信仰においては、創造主にいます神と被造物の頭《かしら》である人間との霊的な対話が交わされるのである。旧新約聖書には、それらのすべてが典型的に示されている。聖書の思想の基本的姿勢は、宇宙万有の構造性の解明におかれているのではなく、被造物の存在の意義・目的を明らかにすることにある。スコットランドの神学者フォーサイスは次のように述べている(1)。

「神は初めに世界を創造のことばによって、究極かつ継続的なものとして創造された。

宇宙の母国語は祈りである。……全被造物が神の中で根本的な善をめざして共働し、快適な賛美を捧げることができるように祈るべきである。閉ざしている自然に舌を与えるのが人間である。……自然の中に何か聖なるものに向う目的があるとすれば、祈りこそ、その目的である。世界は神を拝するために創造された。この目的こそ、世界の摂理であり、創造の原理である。」

つまり、フォーサイスによれば、宇宙はそのまま巨大なるカテドラルであり、人間は被造物の頭《かしら》として、創造主なる神を賛美・礼拝する責任をもち、宇宙万有の創造の目的を実現すべき主役の位置にあるというのである。これがキリスト教信仰の立場からみた、宇宙における人間の位置である。

古生物学者であり司祭でもあったテイヤール・ド・シャルダンは、四十億年にわたる生物進化の過程において、人類の登場にいたる劇的な発達を「眼の形成史」ととらえている。(2) 彼によれば、人間は宇宙を観る眼の位置にある、というのである。たしかに科学をもつ人類は、宇宙の眼であり鏡の位置に立つ。そして、もし人々が信仰者として生きはじめるならば、彼らは創造主を礼拝し、賛美の言葉を高らかに謳いあげるであろう。神をたたえる宇宙の舌として。

注

（1）Ｐ・Ｔ・フォーサイス著、斎藤剛毅訳『祈りの精神』ヨルダン社、一九六七年。

（2）Pierre Teilhard de Chardin, *Le phénomène humain*, Éditions du Seuil, Paris, 1955. 美田稔訳『シャルダン――現象としての人間』みすず書房、一九六四年。

（東京女子大学文理学部『宗教センターニュース』八八号、一九八七年十月）

Ⅲ　科学的にみた死と生

はじめに私の幼年時代の一つの経験について述べてみたいと思います。私は今までいろいろな人の死に出会いましたが、最初に経験したショックは非常に強いものでした。

今から約半世紀ほど前、私が幼年時代をおくっていた当時の札幌市は人口が十万にも満たない小都市でした。市の南西部には丘陵や山々がせまり、私の家は原生林におおわれた円山の麓にあり、豊かな自然にかこまれていました。円山の北側には小さなお寺と墓地があり、その周辺は広い畑でした。わが家の庭は広い芝生で垣根らしいものもなく、広い畑に連なっていました。そのような自然の中で遊んでいたある日の午後――五、六月のよく晴れた日――およそ三、四百メートルほど離れた畑の道を、葬列が進んで行くのを私は見たのです。当時は、文字どおり野辺の送りと称するにふさわしい状況だったと思われますが、七、八人の人々が棺をかついで淋しい行列をつくって行く。私がはじめて目にした、その葬列からは、何か楽器（鐘かもしれない）の音と、まことに悲しそうにひびく歌声が流れてきました。私はそれらに接した時、強いショックを受け、その場に立ちすくんでしまいました。遠くを行く葬列からつたわってくる特別な雰囲気を感じとり、一種のおそろしさに、立っていることもできず、かろうじて家屋のそばにすりよって、しばらくの間うずくまっていました。その時のおそろしく、また苦しい経験は鮮明な記憶として生涯忘れることはないでしょう。

四、五歳の私は、虫や小鳥やその他の生きものにある種の親しみをもっていたと思われますが、それら小さな生きものや、人間の死などについては全く無知であったはずです。葬列を遠くから眺めた時、身がすくんでしまったのはなぜだったのでしょうか。

小児と未開人には、ある共通性があるように思われますが、ひょっとすると未開人や小児は「死」から、本能的に死の魔力とか威力などを感じとり恐れをいだくのかも知れません。私は「死」という言葉に出会うと、幼児時代のショッキングな経験を思い出すのです。

私たちは数十年の人生のあゆみのうちに多くの人々の死に出会います。友人、先輩、恩師や親など。そのようにして死は私たちにとって次第に日常茶飯のこととなり、人間は誰にでも寿命というものがあり、すべての人は何時かは死ぬのだと、一種の諦観をもつにいたるのです。

人間中心に死を考えてみるならば、まずはじめに第一人称の死があります。私は死につつあるとか、私は死ぬということですが、死に臨んだ私の意識はほとんど消滅しているはずです。私たちが、熟睡している状況では意識がなく、そのような熟睡中の経験（?）が私の死後の経験（?）を推測させるだけです。「死んだ本人にとって、死が何を意味するか、生きている私たちには決してわからない」と、哲学者エマニュエル・レヴィナスも述べています。(1)

次に第二人称の死。「君は死ぬ、君は死につつある。」そのような現実に時々私たちは直面します。私たちが、一番身近に人の死をみとることができるのはこのような場合でしょう。しかし、この場合、悲しみのため「死」そのものについて考えるということは少なく、やがて死者の生前の思い出などについて注意がむけられ、また語られることが多いものです。

第三人称における死は、新聞・テレビのニュースに登場する日常茶飯の事件として経験します。多くの場合、私たちはほとんど感動を示しません。それは多くの場合、「遠い他人の死」です。

また私たちは植物が枯死した時、植物が死んだとは言わず、植物は「枯れた」と表現します。同じ生き物でも植物の生命の終焉には死という観念は薄弱です。

生物学者は犬や猫やその他、実験動物の死については、比較的冷静に考えることができますが、それはあくまでも科学的な見地からの生物の死であって、生体を構成している多くの細胞が刻々と生理機能を停止していく現象として死をとらえています。生体が死体に移り変わるその時、その体内では物質的に何事が起こりつつあるのでしょうか、これが科学的に死をみることであります。

地球の終末と全生物の死――宇宙的にみた生と死

地球上の生物集団や生物群を含むすべての生物の死、つまり、人類を含めて、すべての生物が死に絶えることが、生物学的な完全な死です。

宇宙物理学者や天文学者の結論するところでは「太陽は今後六十億年を経過すると、ある物理学的必然によって、エネルギー生産が爆発的に増加し、太陽の実質の直径が増加し、現在の地球の公転の軌道よりも大きく広がり、その時期には水星や金星はもちろん、地球もすべて、巨大化して赤色巨星となった太陽にのみこまれ、一瞬のうちにガス化してしまうであろう」と言われています。このような事態は、現代の宇宙物理学に基づく確定的な推測であって、決して荒唐無稽のことではありません。六十億年後の地球は光熱にとけ、生も死もなく、痕跡すら残らないということです。

次に生物（生命）の座である地球を出発点として、地球が属する太陽系が宇宙においてどのような位置にあるのかについて考えてみましょう。

私たちは夏山に登ってテントを張り、晴れた夜空に「天の川」を眺めることができますが、天の川は私たちの銀河です。この銀河系は外側からみると巨大な円盤状をしています。アンドロメダの大星雲もうずまき状の銀河系ですが、私たちの銀河系も遠い宇宙のはてから眺めれば、このアンドロメダの姿に似ていると思われます。

私たちの銀河系の半径は、五万光年という膨大なものです。光の速さは一秒間に地球の周囲の七・五倍（3×10^{10}cm）ほどですが、その光が五万年かけて到達する距離は、まさに天文学的距離です。そして太陽系は銀河系の中心から三万光年の位置にあります。太陽は恒星と呼ばれますが、私たちの銀河系には、恒星が約一千億個、惑星はおよそ四千億個も存在するといわれています(2)。

太陽系を概観してみましょう。太陽に近いものから水星・金星・地球・火星・木星・土星・天王星・海王星はそれぞれの軌道を公転しています。またそのほか多くの小惑星もあります。人間を含めた生物群が生息しているこの地球という惑星は確かに、特別な位置をしめしています。地球は三百六十五回転の自転をしながら、太陽をひとまわりします。それを地球における一年となし、地球が一回自転する時間の二十四分の一を一時間とします。

これらは私たち人間の時間的尺度となります。また、地球から太陽までの平均距離は一億五千万キロあり、その公転の時速は約十一万キロです。私たちはそのような天文学的・宇宙物理学的な事実に注目する必要があります。というのは宇宙物理学的な諸条件と「生」の出現が決して無関係ではないからです。

例えば、ここで温度について考えてみましょう。太陽から刻々、膨大なエネルギーが宇宙空間に放射されています。ある物理学者の計算によると、地球表面に注がれる太陽のエネルギーは、放射される全エネルギーの約二十二億分の一です。一方、地球も相当量のエネルギーを赤外線の形で宇宙空間に放出しています。もしそのようなエネルギーの放出がないとすれば、地球上の温度は次第に上昇します。われわれの地球に入射するエネルギーと地球から放出するエネルギーの収支のバランスが保たれているので、極地や赤道直下の地域を含めて、地球の表面付近の気温は〇度から四十度前後、すなわち常温を保つことになります。このような温度条件の下に、多くの生物の生存が可能になっています。つまり太陽から地球までの平均距離が一億五千万キロであることが、あらゆる生物の生存を可能にしているのです。

これらの事実は「生命の起源」(科学的に厳密には原始生物の出現と称すべきです)を考察し論議する生化学者や生物学者、さらに地球化学者たちが注目している点ですが、ともかく地球上で、およそ四十億年前のある時期に、「生」と呼ぶべき事態が実現し、それが部分的に崩壊する時「死」もはじまったと考えられます。つまり「生」が誕生したことによって「死」もあらわれたのです。

以上述べたように、地球をめぐる一つの物理的要因である熱エネルギーが常温を保つ状況、換言すれば太陽と地球の平均距離が一億五千万キロであること、およびその他もろもろの宇宙物理学的・地球物理学的諸条件が、「生」の出現とその保持に絶対的に不可欠なのです。まことにうまい具合に、地球が一億五千万キロの場所に位置づけられていますが、科学者は一般にこのような事態を偶然によるものと称しています。偶然という言葉は、私には非常に便利な言葉に思われるのですが、ともかく、そのような宇宙物理学的偶然(?)のもとに「生」が実現しているのです。

私たちの銀河系宇宙には、太陽系のような恒星は億の単位で存在すると言われています。いくつかの恒星系の中には惑星群をもち、その中には生物を発生させているものもあるか

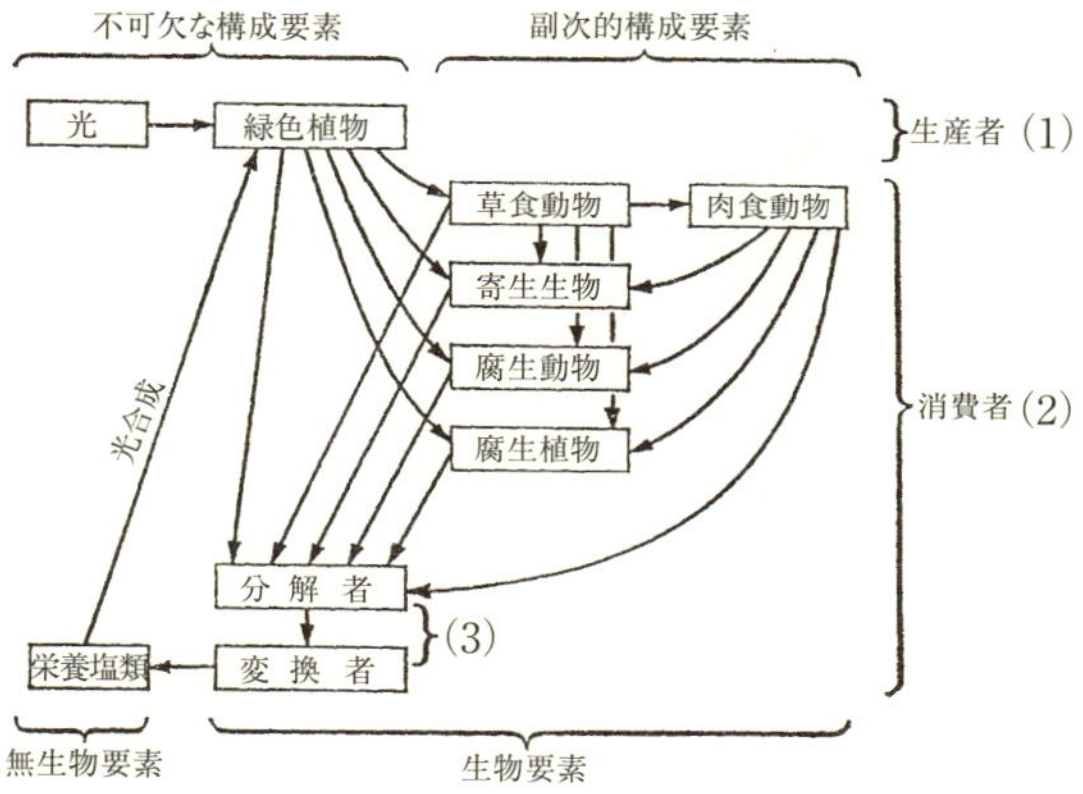

図1　生態系における自己充足的にして、また循環的な段階と構成要素（G. L. クラーク著、市村俊英他訳『生態学原論』（岩崎書店、1965年一部改変）、(1) 生産者、(2) 消費者（この中に人間がふくまれる）、(3) 分解者および変換者、各段階を結ぶ矢印は、絶え間なく続く物資の移動を示す。

も知れません。それら異星の上に宿る「生」にも死があると思われますが、これからの論議はすべて私たちの地球上の生と死に限ることにします。

この章のはじめの方で私は、太陽の巨大化（赤色巨星化）による全生物の死について述べました。しかし、ここで、地球上の全生物の生存の実態について一瞥しておきたいと思います。

現在の地球上には約百九十万種の生物が存在しています。私たち人間も *Homo sapiens*「ヒト」という一種ですが、それらの全生物は次の三者に区分できます。

(1) 生産者（独立栄養者、大部分は緑色植物）。

(2) 消費者（従属栄養者、主として、他の生物を食物とするもので人間を含む多くの動物）。

(3) 分解者および変換者（細菌や菌類を主とする従属栄養生物であり、遺体となった生物体の原形質を分解し、その一部を吸収利用するが、他は生産者である緑色植物によって利用できる簡単な有機物や無機物に変える）。

この三者は(1)から(2)へ、また(1)と(2)は(3)によって無生物的要素にもどるという、物質的な循環をつくります（図1）。この循環が、地球的規模で円滑に行なわれる時、百九十万種に及ぶ全生物は、それぞれの「生」を全うできるのです。ここで強調すべきことは、ある種の生物の死は他の生物の生に連なっているのです（四九頁以下参照）。具体的に述べてみましょう。ある時期に繁茂した緑色植物（図1の(1)）も、動物たちも、さらに人間たち（図1の(2)）も個体としての寿命がつきれば死亡し遺体となります。これらの遺体は腐敗バクテリアによって分解され、最終的には炭酸ガスその他無機物にもどり、土壌や海水中に拡散し、やがて再び緑色植物に吸収され、「生」のプロセスに加わることになります。

このような自然界では「死」もその全体的な循環を可能ならしめている重要な契機となっています(3)。

地球上に実現している生物圏（その内容は図1に示してある循環によって支えられる）は、その内部に生物を宿して以来、三十ないし四十億年を経過するものと推測されますが、ともかく一朝一夕に実現したのではなく、天文学的な実に長い時間をかけて実現したものであってみれば、そうたやすくは壊れるものではないでしょう。

もし現在のような地球上の条件が今後百億年も二百億年も続くとすれば、地球上の生物たちは、その子孫をのこし続けることができるのでしょうか。あるいはまた、いかに環境条件がよくても、全生物種にはすべて寿命があり、ある時期がくれば、必然的に自滅してしまうのでしょうか。かりに地球上の生物群は永久に生存を続けていく能力をもっていたとしても、すでに述べたように、六十億年後には赤色巨星になった太陽に焼きつくされてしまう宿命にあります。

原始生物の登場――生のはじまり

生命現象が停止することが死であると、簡単に言いきることもできますが、「生を知らずして死を知ることはできない」とも言われています。死の重みを深く知るためには、「生」の事実のさまざまな側面を充分に認識することが大切です。次に、「生」の自然科学的側面について述べ、また死についても考えてみましょう。

「生」は生命現象とか、生命のいとなみとして時間的経過をたどる出来事として展開しています。つまり時間的にみれば、当然その始まりがあり終末が予想されます。これは個体についても、ある特定の生物種についても、また全生物種についても同様です。

「生」の始まりは、自然科学的にみれば、地球上における原始的生物の出現という問題です。現代の科学者たちは「生」の流れはその初発の時以来、約四十億年にわたって続いていると考えていますが、もしそれが事実とすればそれはまことに壮大にして悠遠なものと言うべきです。

そのような悠久にわたるドラマからみれば、私たち人間の個人の寿命は、長くとも百年であり、まことに微々たるものに思われます。自然科学的側面から眺めると、一人の人間の生や死は、四十億年にわたる生の流れにおいては一瞬の出来事にすぎないように見えます。しかし、私たちの個体の生と死が本当に微々たるものなのでしょうか。

まず四十億年にわたる壮大な「生のドラマ」が展開している地球そのものに注目してみましょう。地球の自転軸は、太陽からくる光線に対して垂直方向ではなく、その垂直線から約二十三度の傾きをもっています。そのため地表には四季の変化が生じます。また地球は四十億年間には約365×40億回の自転を続けてきたのであり、地球はまさに一つの回転ドラムです。その表面で生のドラマが展開し、遂に「ヒト」を含む百九十万種の生物群が登場し共存共栄を続けています。このようなドラマは宇宙物理学的な事件としては、かなり珍しい出来事であるように思われます。

もし、地球の自転速度が現在より速かったり、あるいは遅かったりした場合には、全生物の系統発生（いわゆる進化）の速度も変わり、最後に登場する人類もその他の生物群と共に、現在の地球上の様相とはかなり大きく違ったものとなっていたことでしょう。

すでに述べたように、太陽と地球の平均距離が一億五千万キロであること、また、そのほかに宇宙物理学的・地球物理学的な諸条件が生命現象の発生と、その維持に決定的な要件になっているということは、注目すべきことと思います。一人ひとりの人生も、地球物理学的なある一定の諸条件と宇宙物理学的な固有な条件のもとにあるのであって、決して微々たる存在とみなすことはできないように思われます。人の一生も、宇宙物理学的事象とは決して無関係ではないのです(4)。

次に化学的な問題について考えてみましょう。

地球を構成する元素は九十余種です。ある元素は単体として(例えば硫黄)、他のあるものは化合物として(例えば水素と酸素は水として)存在しますが、いずれにしても、温度条件によって気体、液体、固体のいずれかを示します。地球を構成する天然の元素は、地球のおかれた温度条件のもとに、その結果として現在の地球が示すような物質の構成内容をもつにいたっています。もし、地球が金星や水星の位置に置かれたとすれば、地球の表面温度は上昇し、液体としての水(海洋)よりも、水蒸気として、大気中に存在する水が多くなったことでしょう。

約四十六億年前の地球上では、液体や気体として存在する水のほかには、炭素と水素の化合物であるメタンや、窒素と水素の化合したアンモニアや水素ガスなどが存在したと推測されています。当時の地球は火山活動も活発であり、大気中の物理化学的条件も現在のそれとは大きく異なり、おそらく空中放電（雷）も激しく起こり、そのような状況下では、前述の物質からアミノ酸・有機酸や糖その他の有機化合物やついには、核酸や蛋白質などが形成されたものと考えられます⑸。やがて、それらの高分子化合物がコロイド（膠質）状になり、ある場合には、コアセルベーションという一種の沈殿・堆積の反応も起こり、外界から膜構造で区別できるような塊をつくるにいたり、これらの内部に物質代謝的機能と自己増殖系が発展したものと考えられますが、それらが地球上にはじめてその姿をあらわした初発の原始生物であったと推測されます。以上述べた過程は、一つの科学的な推測ですが、現にある種の科学者たちは、地球上にはじめてあらわれた生物に最も近いと考えられるものの実験的合成をこころみているようです。しかし、それは極めて困難な研究と思われます。ともかく、四十億年以前の地球における、初発の生物の登場の問題は、現代の自然科学上の最大にして、かつ最も解明の困難な問題と言うべきです。その意味で「生」

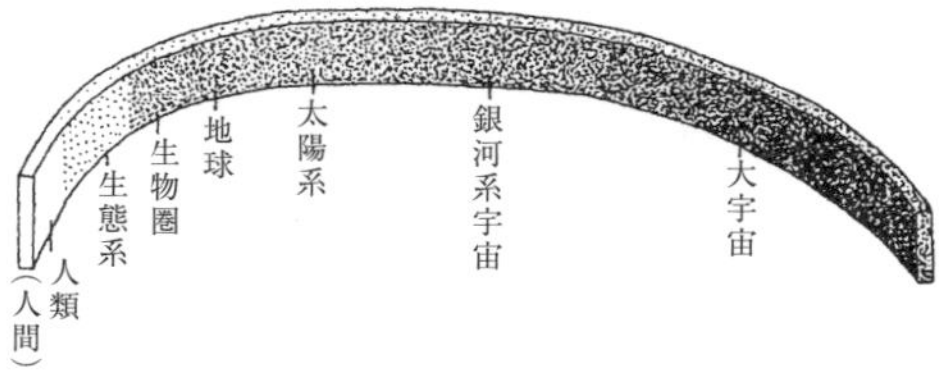

図２　宇宙における人類（人間）の位置を象徴的に示す図。宇宙全体を湾曲した鋼鉄の帯（バンド）になぞらえるならば磨かれて鏡（ミラー）になっている部分が人間の位置である。人間は宇宙と物質的に同根であるが他を観照することのできる視点となっている（鳥山原図）。

のはじまりということがらについては細心の注意をもって考察されねばなりません。

宇宙の鏡《ミラー》としての人間

四十億年以前にあらわれた原始生物群は、代をかさねるに伴い環境に変化をあたえ、また環境の影響のもとに、いわゆる進化の途をたどり、ついに百九十万種に分化・発展し、今日にいたったものと考えられます。人類の祖先にあたる生物は約百万年以前にその姿をあらわしたと考えられています。その生物の祖先をさらに、さらに過去にたどれば、ついに四十億年前に発生した原始生物にさかのぼることができるのであって、このように考えれば、現在、生活しつつある私たちの身体には四十億年来の「いのち」が流れていることは明らかです。ともかく次のことを銘記しておきましょう。「私たち各人の身体に流れている生命の流れは、掛け値なしに四十億年の過去がある。私たちはすべて四十億年の生命の流れの末端にいる」ことを。

次に宇宙における人類（人間）の位置について考えてみましょう。

私は全宇宙を象徴的にあらわせば、一つの湾曲した鋼鉄の帯（図2）に、なぞらえることができるように思います。図2の右の方から、大宇宙・銀河系宇宙・太陽系・地球・生物圏・生態系、そして一番左はじに人類（人間）が位置しています。人類の位置している部分を磨き上げれば、その部分は鏡となります。この鏡は、その長い帯の他の部分を映すことができます。私は人類（人間）は大宇宙を観照し、認識する鏡であり、一つの視座であると考えています。

宇宙の一部（太陽系の地球）が生命活動を出現させ、そのいとなみが人類（人間）の姿をとった時、宇宙を眺めはじめたのです。つまり「宇宙は人間という視点において自己（宇宙自身）を知る」と言うことができ、私はこれを「宇宙の自己認識」と呼んでいます。これは私の独自な考え方ですが、最近、これに似た発想が述べられているので次に紹介しておきます。

アメリカの宇宙物理学者カール・セーガンは『Cosmos』(6)という書物の中で次のように述べています。

「私たちは、巨大な宇宙空間のなかの、小さな粒にすぎないが、それだけではない。私たちは永遠の時間の流れのなかで、ほんの一瞬だけ生きているにすぎないのだ。いま、私たちは知っている。宇宙は、そのもっとも新しい誕生のときから数えても、一五〇〇億年か、二〇〇億年はたっている、ということを。これは『ビッグ・バン(大爆発)』と呼ばれる、すさまじい爆発があったときから数えた年数だが、その宇宙のはじまりのときには、銀河も星も惑星も、もちろん生命も文明もなかった。まばゆい一様の火の玉が宇宙空間のすべてを満たしているだけだった。

ビック・バンの混乱から、秩序ある宇宙への過程で、物質とエネルギーの恐るべき変換があった。私たちは、それを、いま知り始めたところであり、私たちは、それをのぞいてみる特権を持っている。

そして、どこかに、もっと知的な生物を発見するまでは、私たち自身が、あらゆる変換のなかで、もっともめざましい変換なのである。私たちは、ビック・バンのはるかなる子孫であり、宇宙のなかから生まれてきた。そして、いまや、その宇宙を理解し、ある程度、その宇宙を変換しようとさえしている。」

そしてさらに、彼は次のように述べています。

「私たちは、生き残らなければならない。その生存の義務は、私たち自身のためだけのものではない。私たちは、その義務を宇宙に対しても負っている。時間的には永遠、空間的には無限の、その宇宙から生まれてきたのだから……。」

私は生命について考える場合には、セーガン博士と同じように、その背後にひろがる広大な宇宙という、一つにして大いなる事実に心をむけざるを得ないのです。これは現代に生きる自然科学者の基本的な立場であると思われます。私はまた、宇宙における生物の頂点にある人間の位置について次のように考えています。

まず、宇宙全体を一つの燭台（図3）になぞらえるならば、下から順に大宇宙・銀河系宇宙・太陽系・地球・生物圏と連なり、この生物圏が大きな器となり、ここに百九十万種の生物群が共存し、生態系をつくり、その頂点に人間が位置する。つまり人間はいわば燭台の灯心の位置にあります。人間は万物の霊長とも呼ばれています。もしこの灯心にともされる火があるとすれば、それは霊と呼ばれるべきものではないのか、と私は考えています。(7)

図3　宇宙における人類（人間）の位置を象徴的に示す図。太陽系の一員である地球上に生物圏という器（うつわ）が形成され、その中に生態系が実現し、約190万種の生物群の頂点に、万物の霊長としての人間が位置している。宇宙全体を、1つの燭台になぞらえるならば、灯心の位置にある人間に灯る「火」とは何であるのか（鳥山原図）。

たしかに人間も生物群の一員であり、物質的側面からみれば宇宙と同根です。しかし、その身体の物質的構造も精妙であり、そこでいとなまれる生理・生化学的機構には、おどろくべき精緻さがみとめられ、とくに大脳の機能は驚嘆に値します。まさに万物（全被造物）の霊長にふさわしい。以上のように自然界における人間が特別な位置にあることは、科学的に主張されて当然と思われます[8]。このような考え方は、聖書に示されている人間観とも調和する一点となるように思います。すなわち、「あなたがたは知らないのか。自分のからだは、神から受けて自分の内に宿っている聖霊の宮であって、……」（コリント人への第一の手紙第六章一九節）と告げられているからです。

生命を支えるＡＴＰ

生産者である緑色植物（図1参照）に吸収された太陽の光エネルギーは、光合成作用という生きている緑色植物だけが行なうことのできる生理・生化学的反応過程において澱粉の中に化学エネルギーとして蓄積されます。光合成作用は太陽の輻射エネルギーを化学エネルギーに変換するもので、生物圏や生態系における物質循環の原点です。人間の生活を中心にみれば、農業生産を可能にしている最も基本的であり、地上のあらゆる生物の生存にとって不可欠な生命現象です。

緑色植物が生産した澱粉は、私たちの主食として摂取されます。この澱粉に保有されている化学エネルギーはどのようなコースをたどり、どんな働きをあらわすのでしょうか。澱粉はまず、われわれの消化器官をへて、ブドウ糖となり、血液によって最終的には全身の細胞（図4―A）に分配されます。各細胞に分配されたブドウ糖は細胞の呼吸材料として用いられます。この細胞呼吸は、まことに精緻な、おどろくべき生化学的反応系で、ミトコンドリアと呼ばれる微細な細胞内器官である膜構造の中でいとなまれます（図4―B）。生物学的にみれば、細胞呼吸とは細胞内の有機化合物が、より安定な低分子の物質に酸化的に分解し、最終的には高エネルギー燐酸化合物（ATP）[9]を生産する過程です。

つまり細胞呼吸において発生するエネルギーは、ひとまずATPという形をとるのです。呼吸材料としてのブドウ糖が保っている化学エネルギーは、解糖作用・クレーブス回路・チトクローム系[10]を経過することによって、最終的にATPとして蓄えられます。このようなATP生産は、生物体のあらゆる細胞中のミトコンドリアにおいて行なわれ、それらの

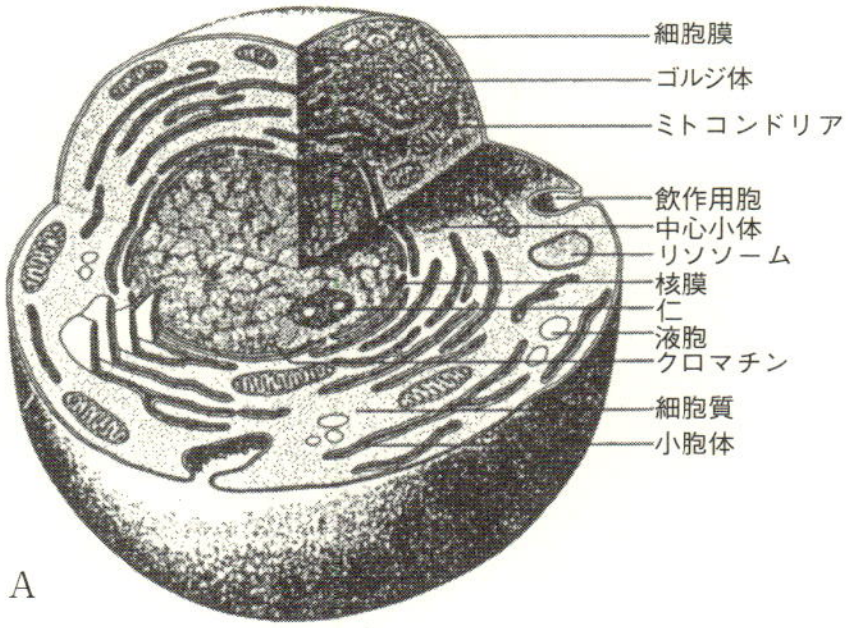

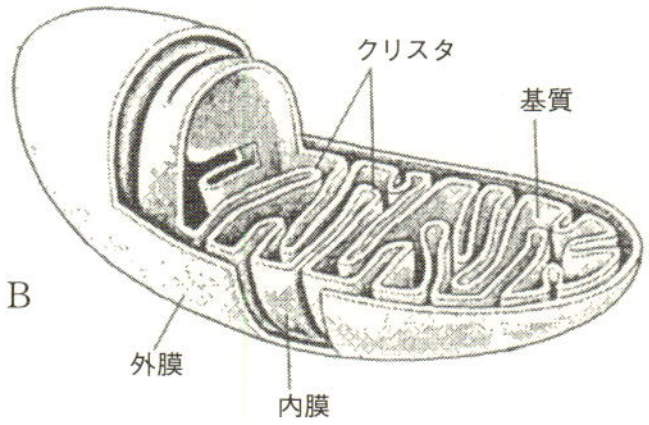

図４　Ａ：細胞の基本構造（D. Longmore、1970 による）細胞は生物体の構造的・機能的単位であり、その大きさは 10−100 μm である。人体は約 40 兆個の細胞より成る。Ｂ：膜構造をもつミトコンドリア（S. L. Wolfe、1985 による）内膜には、チトクロームをはじめとする多くの呼吸酵素が整然とくみこまれており、あらゆる生命現象の原動力となる ATP（アデノシン三リン酸）を生産する。ミトコンドリアの幅は 0.5 μm 程度である。

細胞の実質である原形質は、生産されたＡＴＰのエネルギーを用いてさまざまな仕事（生合成・物質の吸収と輸送・運動・熱の発生・発光・生物電気）をしますが、これらの細胞の絶えまのないいとなみは総合され生命現象を実現することになります。

以上が生体（人体を含む）が生きていることの科学的内容ですが、緑色植物の光合成作用でも、私たち人間の細胞呼吸でも、その基本的作用は、葉緑体やミトコンドリアと呼ばれる、まことに精妙な電子顕微鏡的な膜構造をもつ微小な細胞内器官（その長さ二—四ミクロン）において、複雑な生物物理化学的反応として遂行されており、試験管やフラスコの中では容易に真似のできない、驚くべき反応なのです[11]。私たちの生命活動を支えている物質的側面の一瞥によっても、私は生きていることの重大さと奥深さを感ぜざるを得ません。私たちは誰でも死をむかえます。しかし、「いのち」の続く限り、私たちは身体に刻々と発生しつつあるエネルギーを用いて、生きようとし、何事かをなしとげていきたいと志向するのです。

上述したように、ミトコンドリアにおいてＡＴＰを生産することが、生命現象を可能にしているのですが、ミトコンドリアの膜構造にはチトクロームがくみこまれ、ＡＴＰ生産に直接役立っています。もし、あやまって、私たちが体内に青酸カリを摂取するようなことがあれば、この物質は細胞内に運ばれ、最終的には青酸イオンはチトクローム中の鉄イオンと不可逆的に結合してしまいます。その結果、ミトコンドリアにおけるＡＴＰ生産は完全に停止し、それは蘇生不能の死を来らせてしまいます。

生命現象の特徴

すでに述べたように、生物圏という特別な状況の中で、生態系が成立し、四十億年の経過の中で徐々に展開してきた「生のドラマ」の全貌をえがくことは、現在の生物学上の断片的な知識を総動員しても、とうてい不可能と思われます。少なくとも私は一生物学者として、現代の生物学者の多くが分子生物学に夢中になっている現状には、いささか批判的な立場に立つものですが、生物学の最終目標は、全生物をふくむ総合的な立体的系統樹モデルを試作することであると考えています。具体的に言えば、世界中のあらゆる分野の分類学者・系統学者・生態学者・遺伝学者・生化学者などと工学者や建築家が協力し、五十年ないし百年計画で、数十階建の巨大な建築物の中に、全生物をふくむ、壮大なる系統樹の立体モデルをつくりあげることです。もちろん部分的な改良、修正を絶えず続けていく必要があると思われますが、このような巨大なモデルは、地球上の生物像として、あるいは生命像として、これを見るものに非常に多くのことを教え、また考えさせるのではないかと思います。このようなモデルを目前にした時、多くの人々は、四十億年に及ぶ生物のあゆみとその展開が、まことにおどろくべき出来事であることに気づき、科学者ならずとも、地球上における「生」あるいは「生命」の重みをつくづくと実感するに相違ないと思います。また、この巨大なモデルの傍に、生物圏内で生じた、環境要因の著しい時代的変遷を注意深く配置すれば、生物の進化学研究に対しても、多くの示唆をあたえるものとなるでしょう。このような精緻にして雄大な系統樹モデルを試作することは、今後の生物学のあゆみにとって、また人類（人間）の思想形成にとっても大きな意味をもつと信じます。つまり、このような壮大なモデルの試作を通じて、生物学者自身が、「生命現象」という出来事が、単に、進化という簡単な言葉で説明のつくようなものでないことに気づきはじめるのではないかと私には思われるのです。一九五三年に、ワットソンとクリックによって遺伝情報を担う核酸の分子模型が提示されましたが、それは分子生物学の出発点として、まことに重大な出来事でした。今後、生物学は時間的にも空間的にも総合的に全体を洞察することが非常に大切なものとなるように思われます。さきに述べた、総合的な立体的系統樹モデルの試作は、その意味から言って、不可欠のものとなるはずです。

私は常々、生命現象の壮大さ、すなわち時間的にも空間的にもまことに宏大な展開と流れ、これが生命のいとなみの一つの特徴と思っており、それと同時に、個々の生命現象にみとめられる特徴があり、次に述べる六ヶ条にまとめられるように思います。

第一に「動的平衡状態」。あらゆる生物体は同化作用と異化作用（呼吸作用）とを同時的に遂行しながら一定の大きさの形態を保っています。

第二に「不可逆性」。人間の場合を例にとれば、受精卵は細胞分裂をくりかえし胚胎をへてついに個体となり、成長・発育・成熟の後は老衰し死にいたります。それらの全過程は不可逆的です。

第三に「自己増殖性」。あらゆる生物は、無性生殖か有性生殖によって次の世代の個体群を生み出します。その場合、遺伝物質であるＤＮＡ（核酸）は、まさに自己増殖物質として複製能力を発揮します。

第四に「全体性」。個体内でも、生物集団内でも、部分は全体の一部として作用あるいは行動し、各部分の作用や行動は、それぞれの特殊性をあらわしますが、全体を保持するようにはたらいています。

第五に「被刺激性」。生物体は常に環境にとりかこまれています。環境の物理化学的要因は絶えず変化しますが、その変化量がある値以上となると、生体に対する刺激となります。生体および生体群は、外界からの刺激に対して、興奮し応答する性質をもちます。人間や動物は非常に敏感な被刺激性をもっていますが、植物や微生物にいたるまで、この性質がみとめられ、あらゆる生物の「行動」のもとになる重要な性質です。一般に生物体は自己の生命を維持する方向へ行動しますが、人間のみは自殺する可能性をもっています。

第六に「社会性」。それぞれの生物の個体は、他の同種の個体や個体群、さらに他種の個体や個体群と全く絶縁して孤立しては、生存することはできません。人間や動物はもちろん植物においても社会性を保ち、有機的な生態を示しています。

以上のような諸性質は、無生物界にはみとめがたいものであって、生命現象は個体としても、集団およびそのすべてをふくむ全体としても、エントロピーの減少の方向に進んでいるもので、無生物界一般にみとめられる、エントロピー増大[12]とは逆の方向をとっています。これが生物界と無生物界との根本的な差異とみることもできます。個体としての生物体が遺体となれば、これは単なる生体構成物質の塊にすぎず、腐敗バクテリアなどの微生物のはたらきによって、最終的には無機物にもどります。これはまさにエントロピーの増大の方向を示す過程であり、無生物の世界で起こる一般的現象とかわりないものとなります。

生物界における死

すでに述べたようにヒト（*Homo sapiens*）という生物は、約百九十万種におよぶ仲間たちとともに、生態系に織り込まれ、壮大で華麗な生命の流れの末端にあります。そこでは「種」の存続が優先し、生態系全体が活きていることが重要視されます。生理学者ジャン・ドーセは「ある種が進化し得るには、そして生物が進化し得るには、死というものが不可欠である。……ある存在の出現は、他の存在の消滅を前提にしている」と言い、また「個々の死は種が存続するための必然であって、自然は個体に関心をもったことがない。……植物や動物にあてはまることは、人間にあてはまる」とも述べています[13]。

たしかに生態系には「草はうさぎに食われ、うさぎは狼に食われる」という食物連鎖があります。これは生態系における物質の循環の一面です。人間についてみれば、その個体の死は精神的・霊的な次元では、まことに大きな出来事です。しかし、物質的側面からみれば、死は生体構成物質（高分子有機化合物）の低分子化合物への分解の契機にすぎません。長期的にみれば、遺体を構成しているもろもろの元素は、やがて環境中に解放され拡散され、その中であるものは、再び緑色植物に利用され、生態系における物質循環に参加することになります。親の身体を構成していたある元素の特定の粒子が、親の死後、めぐりめぐって彼の子孫たちの身体に、もぐり込むこともあり得るのです。

次に「種」の寿命と絶滅について述べてみましょう。

すべての生物種は、長い年月の間に、それぞれの分化（ここではあえて進化とは言いません）をとげ、その種固有の系統発生をとげていく。単細胞のアメーバーは原生動物の一種ですが、アメーバーの祖先にあたる生物は、二、三十億年以前に出現したのではないかと推測されますが、もしそうならば、アメーバーはその間、進化らしい進化をとげなかったことになります。しかし、種としての寿命は非常に長かったわけです。

いまから約六億年前の、先カンブリア紀の時代から、四億年間にわたって生息していた三葉虫は、二畳紀の末期に絶滅したと考えられています。また恐竜や始祖鳥の場合のように、ある期間に隆盛を極めましたが、絶滅してしまった生物種も多数みられます。種の死である絶滅は、その種の寿命による場合もありますが、最大の原因は、環境の急激な変化に適応することが不可能であったことによるものと思われます。

現在の地球上でも「種の絶滅」はすすみつつあります。その詳細を確認することは、なかなか難しいのですが、生物学者の地味な調査によって明らかにされつつあります。それらの中から、一、二の例について述べてみましょう。

アメリカのボストンの南にあるマーサズ・ビヤン島にヒース・ヘン（ソウゲンライチョウの一種）が生息していましたが、一九〇七年には、七十七羽が確認されました。以後、政府の保護によって、一九一五年には二千羽と増加しました。しかし、その翌年にこの島に大火災が発生し、鳥の大半は焼け死に、百五羽が残りましたが、その後に発生した伝染病のため、絶滅してしまったのです[14]。

その後も、世界の各地で生物種の絶滅が報告され、今後、ますますその傾向が強くなってゆくでしょう。これも現代の科学技術文明の生み出した、環境破壊によるものです。人類は巨大化した科学技術によって環境をいためつけ、ほかの生き物はもちろん、おのれの心身をそこなっているのです。

作家の中野孝次氏は次のように述べています[15]。

「やみくもに進んできた過去四分の一世紀の高度工業社会の営みは、水俣病や大気汚染のように、直接いのちを奪う結果を産んだ産業と人間の関係ばかりでなく、産業と自然の関係において、どうやら何万年来つづいた人類と自然との調和を根本的に破壊するところまでやってしまったらしいのである。どの報告書とも、そのことを数字とデータをあげて警告している。一体このままでは地球はどうなってしまうのだろうと、素人の私でも心配である。」

私は生物学者の一人として、このかけがえのない地球の生物圏と生態系の、長期にわたる存続を切望しています。それは世界中の心ある人々の意志と工夫（科学）と実行力によって可能にしていかなければなりません。

最後に一つのエピソードをしるしておきます。ある動物園の猿の飼育係の経験談です。雌猿が無事に仔を生み、肌身離さずに育てていましたが、ふとしたことから仔猿は病気になり、ついに死んでしまいました。親猿は仔猿の死骸をだきかかえ、悪臭を放つようになっても、決して放そうとはしなかったというのです。

猿は知能的にすすんだ動物ですが、他の個体の「死」を知ることはできません。自己の死について、自覚することもないでしょう。しかし、人間は自・他の生や死に思いをめぐらし、それを「生」のあかしとして、文章にまとめることができます。また人は死して文章によって思想をのこすのです。

注

（1）「エマニュエル・レヴィナスとの対話」、クリスチャン・シャバニス著、足立和浩・吉田葉菜訳『死をめぐる対話』時事通信社、一九八六年、二三七頁。

(2) 銀河系に惑星が約四千億個も存在すれば、地球のように生物を宿している場合も、当然予想される。

(3) もし動植物の遺体が腐敗バクテリアによって分解されることがなく、永く保存されれば、自然界は、山も川も海も野原も、太古からの生物の遺体によって満たされてしまうであろう。

(4) この意味では、すべての人はある星(宇宙物理学的要因)のもとに生まれ、生活している。

(5) このような考えを最初に、科学的にまとめたのは、ソ連の生化学者、オパーリンであり、その主著は『生命の起原』(石本真訳、岩波書店、一九六九年)である。

(6) カール・セーガン著、木村繁訳『Cosmos 上・下』朝日新聞社、一九八〇年。

(7) 大槻文彦著『大言海』には、日本語の「人《ひと》」の語源は「霊ノ止《ヒト》マル意カトイフ」とある。

(8) ヴェルナー・ハイゼンベルクは、自然界における人間の特別な地位について「われわれ人間は単なる肉体でも生き物でもなく、より高次の秩序に参与していること、つまりわれわれはその時々に物質から形成されたいわば最高の秩序が目に見えて出現してくる自然界における地位を表していることを、はっきりと述べておかなければならないだろう」としるしている。山崎和夫訳『真理の秩序』筑摩書房、一九八九年、一四八頁。

(9) ATPはadenosine triphosphate(アデノシン三リン酸)の略。この物質は肉類やかつおぶしに多く含まれている。

(10) 解糖作用、クレーブス回路およびチトクローム系は、多くの酵素群によって営まれる生化学的な反応系である。この反応系は、ミトコンドリアの膜構造にくみこまれている。

（11）現在の生化学、分子生物学や生物物理学上の最高の手法を用いても、一個のミトコンドリオンを人工的に合成することは不可能であろう（mitochondria の単数形は mitochondrion）。

（12）断熱系で不可逆変化が起きるときは、エントロピーは必ず増大する。たとえば孤立系で温度が一様でない状態では、熱が移動して一様な状態になるが、後者の状態の方がエントロピーが大である。

（13）「ジャン・ドーセとの対話」、クリスチャン・シャバニス著『死をめぐる対話』前掲、二二一頁。

（14）藤原英司著『世界の自然を守る』岩波新書、一九七五年。

（15）「地球——素人の心配」『世界』岩波書店、一九八四年二月号。

Ⅳ　自然科学者とキリスト教信仰

　自然科学者は基礎科学、すなわち物理学・化学・生物学等に携わっているものと、応用科学、すなわち工学・医学・農林水産学等にかかわる人々に二大別することができますが、ここでは前者に属する科学者とキリスト教信仰について考えてみたいと思います。現在、わが国の基礎科学の分野には約五万人の科学者がいるものと思われますが、そのうち一％、つまりおよそ五百人がキリスト者であると推測されます。私の関係している日本植物学会や日本植物生理学会の会員中にも幾人かのキリスト者をあげることができます。勿論その数は決して多くはありません。年次大会やその他の会合で顔をあわせることはあっても、話題は主に研究に関することが多く、信仰に関することはほとんどありません。

一九五〇年前後に発足した日本基督者学会という小さな団体がありました。この学会は様々の専門分野の研究者であるキリスト者たちの集団で、一年に数回ひらかれる例会において、それぞれの専門領域の新しい問題が紹介され、それについて懇談するのが慣例でしたが、キリスト教信仰について深く掘り下げた話をすることは少なかったと思います。

今から三十年以上も前のことになりますが、私の属する大学の化学研究室のT氏はプロテスタントの信者であり、私は同氏とは年齢も近いので色々と話す機会がありました。ある時、話題は聖書における奇跡にむけられ、私たちは若気のいたりで、各自の考えを思うままに話し合いましたが、私は、ある程度で話をうち切るべきと判断し、きりのいいところで議論を終わりにしてしまいました。それは少々あと味のわるいものでした。お互いに聖書についてそれほど深く学問的に研究したこともないこと、また初歩的な神学上の知識を、ききかじっていることが、幼稚な〝宗教議論〟の中で、はっきりと見えて来たからであったと思います。

一般的に科学者は、それぞれの職場にあってどのような研究をしているのでしょうか。最良の研究条件から最悪の研究条件まで百人百様の研究生活を展開しており、多くの場合は研究業績をあげること――具体的には、より高度の研究論文をまとめること、そのために日夜あくせくしているのが、現実の科学者の姿です。科学者の世界は端的に言えば非常な競争社会です。尖端的な研究であればあるほど、きわめて厳しい競争です。一般的に言えば科学者として才能に恵まれ、研究条件のよい所にいる研究者たちは、科学者としての本領をますます発揮し、時には最高の栄誉があたえられることにもなります。かりに才能があっても研究条件のよくない所にいる人々は、まことに苦労が多く、場合によっては非生産的な研究生活を余儀なくされます。また才能のない科学者はどこにいても、非常に苦労するに相違ありません。要するに、基礎科学の研究者にはこのようにピンからキリまであるのであって、そのような様々の場面に少数のキリスト者も働いているのです。つまり科学者として恵まれた状態におかれた信仰者もいれば、色々な意味で悪戦苦闘を強いられている信仰者もいるわけです。

このような多様な、また多忙であるキリスト者たちは、聖書についてもキリスト教思想や神学についても充分に勉強したり論議をする暇はおそらく少ないことでしょう。これは勿論、年齢層によっても異なると思いますが、研究者として最も多忙な時期は、聖日の礼拝に毎回、出席することも困難になると思われます。概括的に言えば、第一線にある基礎科学者が信仰者の場合、よほどの覚悟がないと教会生活を維持することは、かなり困難な現状です。以上のことは私の狭い経験からもはっきりと言えることであります。しかして私は、非常に月なみな結論になりますが、キリスト者である基礎科学者の方々に対して、「それぞれの分野でよいお仕事を遂行されること、またそれを深く支えるためにも教会生活を大切にされるように」と祈るのみであります。

さて、キリスト者である科学者たちは、各自の研究生活を通してどのように自然を見、また信仰者として生きているのでしょうか。おそらくその内容も、厳密に言えば各人各様であり、それらは信仰告白的一面を含むことにもなりますので、お互いに各人の所見や見解は大切にされるべきものと思われます。

これらについて私自身の経験と考えを少し述べてみたいと思います。私は一九五〇年の四月から東京女子大学文理学部の生物学研究室で研究生活をはじめました。恩師の坂村徹先生（北大名誉教授・日本学士院会員、一九八〇年没）は東京女子大学の就職が決まった時、「可能な限り研究を続けること、大学の教師として充分に責任を果たすこと、この二つが大切である」と強調されました。私は今日にいたるまで、何とかこの二つについて努めてまいりました。当時の東京女子大学は新制大学として発足して間もない頃で、若いスタッフも増加しつつあり、生物学には動物細胞学者の多羅尾四郎博士がおられました。氏はゴルジー体という細胞内器官の研究の第一人者であり、私は植物生理学の専攻でありましたが、同氏から細胞・組織学の最新の技術を伝授して頂きながら、植物の運動組織の研究を進め、この研究は細く長く二十年にわたり続けることになり、その成果の一部は*Encyclopedia of Plant Physiology*にも収録されるに至りました。多羅尾教授はプロテスタントの信者であられましたが、二十三年間にわたる同氏との研究生活はまことに実り多いものであり、私はその点では幸運であったと思います。このような経験から、研究生活において非常に大切なことは、研究上の指導者・先輩・同僚さらに後輩との人間関係であると思います。一つの研究室あるいは講座の構成が、すべて信仰を同じくするキリスト者たちであることは、現実には非常に珍しいことですが、もしそれが実現されるとすれば、それはおそらく研究条件にとって大きなプラスとなるものと思われます。この論法を拡大してゆけば、次のようにも考えられるのです。「世界中の基礎科学者たちがすべて真正なキリスト者になったとすれば、学界の様相も随分とちがったものになっていたに相違ない」と。

科学は本来、この宇宙万有（全被造物）の構造性を解明するのがその基本的立場でありますので、科学上の正しい方法論にしたがってゆくかぎり、科学者が信仰者であるなしにかかわらず、科学上の未知な問題は次第に解明されてゆくものと思われます。実際に私たちが行なっている自然研究は、全体的にみるならば、ある場合には無神論者の手によって、あるものは仏教徒の手によって、またある場ではキリスト者の手によってもなされているのです。恐らく歴史の続くかぎり、科学者たちは自然の探究の手をゆるめることはなく、宇宙万有の構造性は少しずつ明らかになってゆくことでしょう。

私たちは教会生活を通じて、自己の信仰を保ち、霊的生活を深めることができます。これは科学者であろうとなかろうと万人に与えられている可能性です。また私たちは、日進月歩の科学によって、宇宙万有の広大さと精緻・精妙さとを知ることができます。一方、科学技術はわれわれ人類に、巨大な物質的な力を与えつつあります。私たちは、神による創造の偉業を仰ぎ、これを賛美し栄光を神に帰するために、かつまた巨大な物質力の奴隷となららぬためにも、肉の眼と手とをもって自然界を深く知り、霊の眼を神の言葉に開きつつ教会生活を続けたいものであります。「宇宙万有は創造主なる神を拝するために創造された」という神学者のＰ・Ｔ・フォーサイスの言葉を憶えたいと思います。

（『季刊教会』日本基督教団改革長老教会協議会、一九七八年四月）

Ⅴ　科学とキリスト教について

歴史的に見ると、ヨーロッパやアメリカでは、一般的にキリスト教信仰が生活の基本に保たれ、大切にされてきたように思われます。しかし、自然科学が発達し、世の中が、近代・現代と変遷するうちに、両者の対応に様々な立場が登場してまいりました。

第一は、両者は対立すると考えるものです。これに対して、両者を統合すべきものであるという考えが出てまいります。科学者や多くの知識人たちが支持するものですが、その代表的例をあげれば、ケン・ウィルバー『科学と宗教の統合[1]』があります。この中で両者の統合についてのまことに詳細が論じられています。私は、この統合という考え方には、すぐには同調することはできません。

私は若い時代からキリスト教信仰をもちながら、科学を学び科学者として学究生活を続けてまいりました。

私の尊敬する神谷宣郎先生（日本学士院会員・大阪大学名誉教授）は次のように述べておられます[2]。

「科学と信仰という言葉には、一見なじみにくい感じを抱く人もあるかも知れない。しかしそれらは決して相容れないものでも矛盾するものでもない。自然科学はわれわれが五官を通して認識する物象の客観性を前提として成り立つ学問である。われわれはその前提の上に立ち、あらゆる手段を尽くして、生物を含む新羅万象のいろいろの局面を整理し、それらを支配する因果関係や法則性を求めようと試みる。

しかし、われわれの科学知識がいかに深まり、物質文明がいかに発達しても、科学ではどうしても立ち入ることのできない世界のあることを心ある人は悟るであろう。それは科学とは次元を異にする宗教の世界である。そこには人知を超えた絶対者への讃美、帰依、信仰が生まれるであろう。その内容は個人によって違うかも知れない。しかし絶対者への信仰は、人の心を謙虚にし、美しく整え、そしてこの世に生きるよろこびと指針を与えてくれるであろう。古今東西を問わず、いろいろの宗教や宗派があり、科学と宗教の間にも相克のあったことは歴史の示す通りであるが、真の宗教と科学は本質的に対立するはずのものではないはずである。」

私は神谷先生と全く同感で、真の宗教と科学は対立するものではないと考えています。次に両者についての私の考えを述べることにいたします。

科学的知の基本的性格は、人間を含めた、宇宙万有の構造性を明らかにするものであると考えられる。因果関係というのは時間軸における構造変化と見ることができる。科学的思考について、パスカルは《幾何学の精神》と表現している。非常に大づかみに言えば、科学的思考は、古代のギリシャのピタゴラスやアルキメデスを代表とする学者たちの《幾何学的精神》から出発したもの、と見ることもできる。科学的知の世界を一つの平面にたとえ、その平面を超える、いわばその平面に対して垂直な面（世界）を想定することが可能であるが、これがキリスト教信仰（啓示宗教）の立場であると私は考えている。さらに言えば、キリスト教信仰の世界で用いられている言葉は赤い文字で書かれているものとし、科学の世界で用いられている言葉は黒い文字で書かれているものとする。赤文字の言葉は黒文字に翻訳することができないと私は考えている。私たちは宇宙万有の構造性に関する知識を科学から単刀直入に、得ることができる。つまり、宇宙万有の「構造性」について語ろうとするのが科学であり、人間を含めた宇宙万有の「目的性」について告げようとするのがキリスト教（宗教）であると私は考えている。

注
（1）ケン・ウィルバー著、吉田豊訳『科学と宗教の統合』春秋社、二〇〇〇年。
（2）鳥山英雄著『生命・科学・信仰』序文、南窓社、一九九〇年。

Ⅵ　知的な寛容さの中で科学と信仰を想う

今朝の聖書の箇所の最初にある「愛は寛容である」という言葉に関連して、知的な営みにおける寛容さということについて、皆さんたちといっしょに思いめぐらしたいと思います。

この大学において研究に努め、教育の責任にある教授たちと、それらを学ぶ学生諸君はすべて知的な営みを行っております。

この知的営みや知的生活は、個々の人格によって担われています。つまり、知的な営みは各個人の精神生活、心の生活によって支えられております。いかなる知的な生活にも、その背後には、何らかの心の生活があるはずです。学生諸君も四年間の大学生活を終えた後には、社会や家庭において広義の知的な営みを生涯にわたって展開されるものと思います。私自身も学生時代を含めると、四十年にわたって、知的な生活を展開して来ました。最近になって、特に強く思うことは知的生活の中で、寛容さが非常に大切であることを痛感しています。

これを一つの具体的な問題について話したいと思います。それは例えば、自然科学と宗教、特にキリスト教についてどのように考えたらよいのか、という問題があります。科学と宗教は矛盾するものではないかという問いが時々発せられ、解答が求められます。究極的には正解は一つかも知れません。けれども、現実にはいろいろな答えが出てまいります。それらは次の四つの立場に整理することができると思います。

第一は、キリスト教信仰を持たず、科学を専門には勉強していない人の立場。日本人の多くはこれに属すると思います。またある立場に立つ哲学者は、その立場から科学とキリスト教について、論議することが可能です。

第二は、キリスト教信仰を持たない科学者の立場。日本の科学者の大部分がそれに当たります。

第三は、キリスト教信仰を持っているが、科学者でない立場、牧師や信徒の大部分の人々がこれに属します。

第四に、信仰者であり、かつ科学者。日本を含めて、世界に少数存在する。

私どもはまず、それぞれの立場における見解や主張に耳をかたむける知的な寛容さを持ちたいと思います。これらの中で、第三と第四においては、信仰者の発言という点からみて、一つの信仰告白が含まれることになります。また第三、第四の各々においても、多様な見解や告白があり得るわけであります。これらの場合でも、ある立場とある見解のみが絶対であり、他は一切顧みるに値しないという態度は避けたいと思います。私自身もある見解を持っておりますが、それぞれの立場からなされるメッセージに耳をかたむけたいと思います。

私どもは四十年、五十年という長い知的な営みの中で、様々な人生経験をいたします。その過程を通じて、成長発展があります。また自分の不備や誤りに気づくことも少なくないことです。各人が長い時間の経過のうちに、それなりの成熟に近づく時、遠い場所にいるように見えた人々が、自分のすぐ傍をあゆんでおられる事実に気づくことも少なくないことでしょう。私たちはお互いにだんだんと、本当に大事なことが分かってまいりますし、信仰者として、すべてのことは遂には主の御栄えのためにという願いにむすばれておりますならば、はじめの段階にあらわれていた差異というものも次第に小さくなってゆくことと思います。正解があるならば、各々がそれに近づいてゆく努力をし、またお互いに、他の立場にある人々のために祈りあう謙遜な姿勢を維持してゆきたいものと思います。やがてそれぞれの人々に正解がはっきりと見えてくるに相違ないと信じます。

（東京女子大学文理学部宗教部編『福音の光のもとで』一九八九年）

Ⅶ　宇宙は一つの燭台

――私の宇宙観――

私の学究生活は一九四六年四月に、北海道大学理科部植物学科の入学からはじまり、その後七十年に及びました。(1)

その間、主として植物生理学を学び、とくに植物の被刺激性について、オジギソウを用いて集中的な研究を展開し、また基礎生物学や生物学序説の講義(2)を四十年余にわたっておこないました。

それらの研究や講義を長年にわたって継続することは、生物学者にとって、その思想形成にとってかなり有効なものであったと思います。その成果の一つとも言える、私の宇宙観について述べたいと思います。

私は、「全宇宙を一つの燭台になぞらえるならば、人間はその灯芯の位置にある」と考えます。

つまり宇宙全体を一つの燭台になぞらえるならば、図に示すように、下から大宇宙、銀河系宇宙、太陽系・地球、生物圏と連なり、この生物圏が一つの器となり、ここに百九十万種の生物群が共存し、生態系をつくり、その頂点に万物の霊長としての人間が位置しています。科学は、人間は大宇宙のある一点として位置づけられていることを示しているのです（詳しくは第Ⅲ章四〇頁を参照してください）。

つまり人間は、いわば燭台の灯芯であります。もしこの灯芯に灯される火があるとすれば、それは何ものか？　この問題は非常に重大で私のこの宇宙観の核心であります。私は灯芯に灯される火は聖書に述べられている聖霊であると考えます。

この考えに調和する聖書の言葉を次に紹介したいと思います。

「あなたがたは知らないのか。自分のからだは、神から受けて自分の内に宿っている聖霊の宮であって、あなたがたは、もはや自分自身のものではないのである」（コリント人への第一の手紙第六章一九節）。

聖霊の宮というのは聖霊を保っている器である。灯芯はほのおの座であり、人間は自分の霊性を深く自覚し、神の言葉によって聖性に触れ、信仰者として生きはじめた時、灯芯にほのおは燃えはじめるのです。

私は聖霊の火が燃え続くということは、まことに重大なことであると思います。

キリストの最初の弟子たちが登場して以来、地球上には現在にいたるまで、何億人かのキリスト者が信仰生活を続けてまいりました。今後も信仰者がいる限り、燭台の「ほのお」は燃え続けることでしょう。そして燭台のまわりの場は、おのずと神秘的な芳しい香りにつつまれていくでしょう。これは私の霊性にもとづいた想像であり願いでもあります。

それは、長いキリスト教の歴史を省みるとき、使徒たちの群れには多くの聖者たちがおられるからです。

一つの燭台であるこの宇宙は、永遠に祝福されたものであると、私は信じております。この燭台に灯るほのおである聖霊の火は、まさにペンテコステにおける聖霊です。「ペンテコステについて」は、本書Ⅸ「キリスト教の要点」のなかで詳述してあります。

注

（1）鳥山英雄著『学究生活七十年――北大で学び東京女子大で講じたこと』南窓社、二〇一四年。

（2）東京女子大学文理学部、学部専門共通科目における講義「生物科学序説」の一部（一九八九年六月）。

Ⅷ　科学とキリスト教信仰とのかかわり方について

1

私は一九二四（大正十三）年六月二日に、仙台市石名坂で誕生し、翌年四月十二日に仙台ハリストス正教会において洗礼[1]を受けた。幼少年時代は札幌の正教会の礼拝に家族と共に出席した。

札幌一中時代の、校長の安延三樹太先生は、旧制一高在学中、新渡戸稲造校長の薫陶を受け、貴重な経験をされたが、それらについて、まことに興味深い話をされた。それに加えて内村鑑三や宮部金吾[2]についても述べられた。私はこの時点で札幌農学校の精神的伝統の一端に触れることができた。

私は一中の図書館に足しげく通い、新渡戸稲造の著書や内村鑑三の『余は如何にして基督教徒となりし乎』などを愛読するようになった。その後、キリスト教について本気になって勉強したいと思い、新約聖書（文語）と佐野勝也著『キリスト聖語讀本』（第一書房刊、一九四〇年）を入手し、聖書に親しむこととなった。

一九四九年、北大理学部植物学科を卒業し、翌年、東京に移り住み、一九五二年、家族と共に日本基督教団武蔵野教会に転会し、今日に至っている。

一九五〇年四月から東京女子大学の生物学の担当者として奉職し、植物生理学研究者として経験をかさねてきた。今日に至る七十年に及ぶ一人の実験生物学者の立場から「科学知」について述べてみたい。

科学的知の基本的性格は、人間を含めた、宇宙万有の構造性を明らかにするものであると考えられる。因果関係というのは時間軸における構造変化と見ることができる。科学的思考について、パスカルは《幾何学の精神》と表現している。非常に大づかみに言えば、科学的思考は、古代のギリシャのピタゴラスやアルキメデスを代表とする学者たちの《幾何学的精神》から出発したもの、と見ることもできる。科学的知の世界を一つの平面にたとえ、その平面を超える、いわばその平面に対して垂直な面（世界）を想定することが可能であるが、これがキリスト教信仰（啓示宗教）の立場であると私は考えている。さらに言えば、キリスト教信仰の世界で用いられている言葉は赤い文字で書かれているものとし、科学の世界で用いられている言葉は黒い文字で書かれているものとする。赤文字の言葉は黒文字に翻訳することができないと私は考えている。私たちは宇宙万有の構造性に関する知識を科学から単刀直入に、得ることができる。つまり、宇宙万有の「構造性」について語ろうとするのが科学であり、人間を含めた宇宙万有の「目的性」について告げようとするのがキリスト教（宗教）であると私は考えている。

旧約・新約聖書には万有の創造主である神の言葉が告げられ、また主イエス・キリストの語られた福音と、実際に主イエスと出会った使徒たちの証言が綴られている。ここに述べられている証言や奇跡についての事柄については、一般的に日本人、特に科学者にとっては、素直にうけとり難い問題であると思われる。しかし、私はこれらについても、単に知的に拒否反応をするのではなく、正面から正々堂々と立ち向かうことが大切であると思う。

2

次にキリスト教における奇跡の問題について述べてみたい。

私が最初にとりあげたいのは数学者であり物理学者でもあったブレーズ・パスカルであるが、彼の三十一歳の年、一六五四年十一月二十三日の夜、決定的回心を経験した。その時の回心の経験を一枚の紙片に書きとどめ、のちにこれを羊皮紙に書きうつし、彼の衣服の裏に縫いつけた。それが彼の死後に見いだされたという。その「覚え書[3]」は次のようなものである。

恩寵の年一六五四年

十一月二十三日、月曜日、教皇にして殉教者なる聖クレマンおよび殉教者名簿中の他の人々の祭日、

殉教者、聖クリソゴーヌおよび他の人々の祭日の前夜、

夜十時半頃より零時半頃まで、

火

アブラハムの神、イサクの神、ヤコブの神。

哲学者および職者の神ならず。

確実、確実、感情、歓喜、平和。

イエス・キリストの神。

Deum meum et Deum vestrum.（わが神、すなわち汝らの神。）

汝の神はわが神とならん。

神以外の、この世および一切のものの忘却。

彼は福音に示されたる道によりてのみ見いださる。

人の魂の偉大さ。

正しき父よ、げに世は汝を知らず、されどわれは汝を知れり。

歓喜、歓喜、歓喜、歓喜の涙。

われ彼より離れおりぬ。

Dereliquerunt me fontem aquae vivae.（生ける水の源なるわれを捨てたり。）

わが神、われを見捨てたもうや。

願わくはわれ永久に彼より離れざらんことを。

永遠の生命は、唯一のまことの神にいます汝と、汝のつかわしたまえるイエス・キリストとを知るにあり。

イエス・キリスト。

イエス・キリスト。

われ彼より離れおりぬ、われ彼を避け、捨て、十字架につけぬ。

願わくはわれ決して彼より離れざらんことを。

彼は福音に示されたる道によりてのみ保持せらる。

全きこころよき自己放棄。

イエス・キリストおよびわが指導者への全き服従。

地上の試練の一日にたいして永久に歓喜。

Non obliviscar sermones tuos.（われは汝の御言葉《みことば》を忘るることなからん。）アーメン。

ここに示されているのは、パスカル個人の経験の記録である。この奇跡的な経験について私はただ、黙して彼の回心の実相を推測・想像するのみである。

次に、現代の「証言」とも言うべき貴重な事実について記しておきたい。それは高井寿雄著『ギリシア正教入門』[4]に述べられているものである。少々長くなるが大事な文章であると思うので次に引用する。

（教文館、1977年刊）

「やがて戦争も終わり、東京にも再び平和が訪れた。……私は、ふと、ニコライ堂のことを思い出して、新しい年の祈願をニコライ堂で……と思い立ち、車を飛ばして、新年の祈祷に参加した。……しばらくして、しだいに闇に目が馴れて来るころ、あたりを見回すと、広い教会の片すみに、年老いた婦人たちの一団があった。彼女たちは、敬虔に合掌しつつ、この異教の神に対し、一心に祈りを捧げている。私は大へんふしぎな感じがして、後でその中の一人に質問してみたところ、次のような答えがかえって来た。

われわれは、あのおそろしい大震災からも救われたし、やがて東京の大空襲がはじまった時も、ニコライ堂は必ずわれわれを守ってくれると、かたく信じていた。B29が頭の上をかすめると、防空壕の中からニコライ堂を見てひたすら祈った。本所・深川方面にあの恐ろしいじゅうたん爆撃がはじまり、たちまち周辺一面は火の海と化し、本郷、日本橋と、焼夷弾による火災の裾は広がりつづけ、いよいよ神田にまで火が迫ってきた。

深紅の炎の中に、ただ黒々とニコライ堂が墨絵のように、ぽつんと浮び上り、われわれはこれに向かって一生懸命合掌し、祈り続けていた。目を開いてみると、ふしぎなことに、ニコライ堂の円天井《ドーム》の上に、一人の翼の天使が立って、剣を打ち振り、火の粉を切り散らしているのが見えた。われわれは先祖伝来の仏壇をもち、信仰を持っているけれども、更に、われわれの守護神はニコライ堂とその神であることを知ったのです、それで初詣はかならず、ここに来て献祷し、過る一年の無事に感謝し、来る一年の平和を祈るのです、というのであった。私は深い感動のうちにこの話を聞いた。」

以上の状況は、一般の日本人には、ちょっと受け取ることが困難かもしれないが、これを私は現代における一つの「証言」として受けとめるべきものと思う。私たちは虚心になって、パスカルの証言や上述の証言を受けとめることが大切であると思う。海外において、古来、奇跡の問題について、多くの人々が考究をすすめてきた。わが国においては、科学者は勿論、一般の知識人たちは、奇跡の問題については敬遠する傾向が強いようである。しかし、私は、科学者を含めて知識人たちが「はれものに触るよう」にではなく冷静な態度でこれらの問題について考察を深めることが大事であると思う。最近、私が入手した次にかかげる書物、Graham H. Twelftree 編著 *The Cambridge Companion to MIRACLES* (2011) は、西欧の知識人たちの「奇跡」についての基本的な姿勢を知る上で参考になる。一読をすすめるものである。

3

科学とキリスト教信仰のかかわり方について大切なことは、当事者がそれぞれについて本質的なことを認識し経験を深めることである。具体的な科学的知識をある程度習得し、かつ「科学的知」なるものが本質的にいかなるものであるかを理解し、またキリスト教信仰についてもある程度の洞察を有することが大事である。単的に言えば、科学についてもキリスト教信仰についてもある程度の洞察を有している段階に達していないならば「科学」と「キリスト教信仰」について考究し、論議することは困難なことであると思われる。すでに述べたように科学知とは人間を含めた宇宙万有の構造性に関するものであり、万有の存在する目的性について語るのがキリスト教であると私は考えている。

聖書には、「神は、すべての人が救われて、真理を悟るに至ることを望む」（テモテへの第一の手紙第二章四節）と述べられている。スコットランドの神学者フォーサイスは「自然の中に何か聖なるものに向かう目的があるとすれば、祈りこそ、その目的である。世界は神を拝するために創造された。この目的こそ、世界の摂理であり、創造の原理である」

と述べている。(5)

私はまた、宇宙における生命の頂点にある人間の位置について次のように考えている。まず、宇宙全体を一つの燭台（本書四〇頁、図3参照）になぞらえるならば、下から大宇宙、銀河系宇宙、太陽系・地球、生物圏と連なり、この生物圏が一つの器《うつわ》となり、ここに百九十万種の生物群が共存し、生態系をつくり、その頂点に人間が位置する。つまり人間はいわば燭台の灯心の位置にある。もしこの灯心にともされる火があるとすれば、それは霊と呼ばれるべきものではないかと私は考えている。この考えと調和する聖書の言葉がある。

「あなたがたは知らないのか。自分のからだは、神から受けて自分の内に宿っている聖霊の宮であって、あなたがたは、もはや自分自身のものではないのである。あなたがたは、代価を払って買いとられたのだ。それだから、自分のからだをもって、神の栄光をあらわしなさい。」（コリント人への第一の手紙第六章一九―二〇節）

私は人間存在の究極的な目的は、それぞれの存在とその働きによって、神の栄光をあらわし、賛美することであると確信しています。

（二〇一四年一月記）

注

（1）ハリストス正教会（ギリシャ正教会）においては、幼児に洗礼をあたえる時でも幼児洗礼と称することはない。

（2）宮部金吾は、新渡戸・内村とともに札幌農学校二期生、植物学者。一九四六（昭和二十一）年に文化勲章を受ける。

（3）伊吹武彦・渡辺一夫・前田陽一監修『パスカル全集Ⅱ』人文書院、一九五九年、九一―九三頁。

（4）高井寿雄著『ギリシア正教入門』教文館、一九七七年。ここに述べられている証言は、ハリストス正教会の人々にもほとんど知られていないものと思われる。カトリックの人々は奇跡について比較的受容性があるが、プロテスタントの人々も上述の証言を聞く耳を持たなくてはならないと私は思う。高井寿雄著『ギリシア正教入門』は、一見、小冊子にすぎないが、現代わが国におけるキリスト教の文献としてまことに貴重にして重要なものと思われる。

（5）P・T・フォーサイス、斎藤剛毅訳『祈りの精神』ヨルダン社、一九六七年。

Ⅸ　キリスト教の要点

私は平信徒でありますので、牧師であり、神学者で高名な熊野義孝先生や桑田秀延先生の書物に学びつつキリスト教について要点的に述べてみたいと思います。

熊野先生は、キリスト教要義をまとめるにあたって、まず「福音こそは人間のあらゆる宗教的要求を充たしうるものであり、しかもあらゆる宗教の決審者であることを思い、つぎに福音がキリストの人格と行為とに存すること、すなわち十字架の主がわれわれの宗教の根本をなすゆえんを考えたいと思う」と述べておられます。この点は、まさに、キリスト教の中心であります。

創造主なる神

「初めに、神は天地を創造された。地は混沌であって、闇が深淵の面にあり、神の霊が水の面を動いていた。神は言われた。『光あれ』」（創世記一・一―三）。

神の「光あれ」という言葉ほど力のある言葉は考えられないと思うのです。が、私自身の存在もこの根元的にこの言葉につらなることを思います。私は、自分自身、ここに生かされ、生きている現実を深く自覚し、万有のすべての根元創造の主なる神がいまし給うことを確信することが非常に大切なことであると思っております。

救い主キリストの十字架の意味

キリストの十字架は、神の恵みによる人間における罪よりの救いです。これはまさに、キリスト教の中心です。福音書によると、弟子たちでさえ十字架の意味を理解していなかったことが分かります。しかし、イエスはそれにもかかわらずみずから進んで十字架に向かわれました。イエスご自身は、この最後の受難と死とを、苦杯として受け取りました。しかも避けてはならない、これによって自分の生涯全体が救いのための意味になると、この最後の受難と死に特別な意味を見いだされて、それに向かわれたのです。つまりイエスはみずからを神よりのメシア（救世主）として、ここで果たすべき使命を果たされたのです。パウロの手紙は、このイエスの受難と死にこめられた意味を、最も深く解説しております。彼によると、人間の罪は神の立法によれば死に値するものであったのです（ローマの信徒への手紙第六章二三節）。

パウロはこれを立法の呪いと書いています。神は長い間、罪を見逃してきましたが、いつまでもこれをそのまま見逃すことは、神の霊に反するものです。これは神の顔に泥を塗ることになるのです。神の秩序からいって、神の義を示すために、世界に対して人の前に神の聖と義が明示されなければならないのです。それが明示されたのが、キリストの十字架、受難と死であったのです。ローマの信徒への手紙第三章二四―二六節に、

「ただキリスト・イエスによる贖《あがな》いの業を通して、神の恵みにより無償で義とされる

のです。神はこのキリストを立て、その血によって信じる者のために罪を償う供え物となさいました。それは、今まで人が犯した罪を見逃して、神の義をお示しになるためです。このように神は忍耐してこられたが、今この時に義を示されたのは、御自分が正しい方であることを明らかにし、イエスを信じる者を義となさるためです。」

慰め主なる聖霊

キリスト者はイエス・キリストの御名によって主に祈り、キリストはこの世のすべての生活の中で私たちと偕《とも》に在《いま》す。これを信じるものたちにとっては大きな慰めの経験になります。

主イエスの「偕在」による慰めは特別な意味をもっています。死より甦ったイエス・キリストは「天に昇り、全能の父なる神の右に座し給う」という言い表しをもって、世の教会はキリストの現実的な存在を告白してきました。

天にいまし給うキリストが地上においても現実にわれわれと共にいまし給うということ

は、どのように理解されるべきでしょうか。

聖書はそれについて、キリスト自身の願いによって天の父はべつに「助け主」を送り、「いつまでもキリスト者たちと共におられる」と教えています。

ヨハネによる福音書第一四章一六節に「わたしは父にお願いしよう。父は別の弁護者を遣わして、永遠にあなたがたと一緒にいるようにしてくださる」とあります。

ペンテコステについて

宇宙を一つの燭台とみなして、その灯芯は信仰者、人間にともる「ほのお」とは聖霊でありますが、その聖霊の由来について非常に大切な事件について述べられた聖書の一部を引用いたします。「ペンテコステ」聖霊降臨です（使徒言行録第二章一節以下）。

五旬節の日がきて、みんなの者が一緒に集まっていると、突然、激しい風が吹いてきたような音が天から起こってきて、一同がすわっていた家いっぱいに響きわたった。また、舌のようなものが、炎のように分れて現れ、ひとりびとりの上にとどまった。すると、一同は聖霊に満たされ、御霊が語らせるままに、いろいろの他国の言葉で語り出した。

さて、エルサレムには、天下のあらゆる国々から、信仰深いユダヤ人たちがきて住んでいたが、この物音に大ぜいの人が集まってきて、彼らの生れ故郷の国語で、使徒たちが話しているのを、だれもかれも聞いてあっけに取られた。そして驚き怪しんで言った、「見よ、いま話しているこの人たちは、皆ガリラヤ人ではないか。それだのに、わたしたちがそれぞれ、生れ故郷の国語を彼らから聞かされるとは、いったい、どうしたことか。わたしたちの中には、パルテヤ人、メジヤ人、エラム人もおれば、メソポタミヤ、ユダヤ、カパドキヤ、ポントとアジヤ、フルギヤとパンフリヤ、エジプトとクレネに近いリビヤ地方などに住む者もいるし、またローマ人で旅にきている者、ユダヤ人と改宗者、クレテ人とアラビヤ人もいるのだが、あの人々がわたしたちの国語で、神の大きな働きを述べるのを聞くとは、どうしたことか」。みんなの者は驚き惑って、互いに言い合った、「これは、いったい、どういうわけなのだろう」。しかし、ほかの人たちはあざ笑って、「あの人たちは新しい酒で酔っているのだ」と言った。

そこでペテロが十一人の者と共に立ちあがり、声をあげて人々に語りかけた。

「ユダヤの人たち、ならびにエルサレムに住むすべてのかたがた、どうか、この事を知っていただきたい。わたしの言うことに耳を傾けていただきたい。今は朝の九時であるから、この人たちは、あなたがたが思っているように、酒に酔っているのではない。そうではなく、これは預言者ヨエルが預言していたことに外ならないのである。すなわち、

『神がこう仰せになる。
終りの時には、
わたしの霊をすべての人に注ごう。
そして、あなたがたのむすこ娘は預言をし、
若者たちは幻を見、
老人たちは夢を見るであろう。
その時には、わたしの男女の僕たちにも

わたしの霊を注ごう。

参照図書
熊野義孝『キリスト教要義』新教出版社、一九五六年四月一日初版発行。
熊野義孝『キリスト教概』新教出版社、一九六二年五月二十五日初版発行。

X　キリスト者のあゆみ

前にも書きましたが、私は幼少の頃、札幌の厳冬の夜空を仰ぎ、その荘厳さにうたれました。満天の星を眺めているうちに、これはただごとではないと感じました。それ以来、私をふくめた宇宙万有という言葉は、私にとって、気軽につかえる言葉ではありませんでした。しかし次第に容易に用いることができるようになったのは、聖書の世界、聖書の言葉の世界を知ってからであると思われます。

私はその意味から言っても、聖書を落ち着いて読み、人々が地球上に存続する以上、長く信仰者として歩みが絶えることのないことを祈るのみであります。キリスト者の歩みはまず、聖書に親しむことからはじまると思いますので、以下の文章をかかげます。

1　大地に座して聖書に親しむ

キリスト者にとって、祈ることと聖書を読むことは不可欠のことです。求道者にとっても、信仰生活を貫こうとしている人々にとっても、聖書を本当によく読むこと、腰を据えて全身全霊をもって読むことは非常に大切であると思われます。その場合、旧新約の全体を読み通すことも重要でありましょうが、特に求道中の方々、キリスト教信仰に一歩前進しようとしている人々、総じて初心の方々にとっては、聖書の全体を通読することは、なかなか大変なことで、かなりの忍耐を要することです。

聖書を本格的に読み始める第一歩として、新約聖書においては、福音書につづいてローマ人への手紙、旧約聖書においては詩篇、この二つを落ち着いてじっくり読む。このようなスタートが、キリスト教入門において有効であると、ある信仰の先達がのべています。その信仰の先輩も、やはりローマ人への手紙と詩篇を愛読し、よく勉強された方のようにみうけられました。私も若い時にローマ人への手紙を幾度も精読し、また詩篇に親しみました。

ローマ人への手紙に限らず、聖書を精読する場合、解説書と講解書を数冊読みくらべてみることも重要なことと思います。そのような研究的な読み方をすることによって、聖書のもつ深さや、キリスト教思想の重厚さに接することができると思います。

今朝は詩篇第一九篇を読みましたが、これは私が学生時代に経験したことと関連があります。私は二、三歳の頃から大学を卒業するまで札幌市郊外に住んでおりました。札幌第一中学校（現、札幌南高校）の三年の頃から、聖書を本気になって読んでみたいという気持ちが起こり、自ら小遣い銭を貯め、これで聖書をもとめ、それ以後、十年間ぐらい、聖書を自ら学んだ経験があります。

札幌は冬季が長いのでそれに耐える身体をつくるため、夏には海岸に民宿し、二週間くらいは体を陽《ひ》にさらすという夏休みのすごし方が恒例になっておりました。

そのような海浜の生活の中で曇りの日は、散歩をしたり、砂丘に座って聖書を読む機会がありました。夜になれば、ひろびろと広がる石狩の海岸の全天をおおう、降るような星を仰ぎみることもありました。詩篇第一九篇にある「諸々の天は神の栄光を表わし、大空は御手の業を示す」という、この感慨は、まさに私の学生時代の貴重な経験として、今もなお、脳裏に甦ってくるのです。

これから、学生諸君は、期末の試験を終え、二か月の夏の休暇をとられますが、その期間には砂丘に、草の上に、さらに林の中で、直接大地に座して聖書を繙いてみる。最近は大都会では星空を眺めることが不可能となりましたが、山や海に出掛けた折に、夜空に輝く天の川や星々を仰ぎみる。この二つをお奨めいたします。神の創り給うた自然の中で、神の言葉を聖書からきくという経験は貴重であると思います。

（東京女子大学文理学部宗教部編『福音の光のもとで』一九八九年）

2　新しい時代に生きる

「いよいよ乱世の世の中だ。これから活躍する人物は、日本の大学を振り捨てて海外にひとり学ぶ者、コンピューター技術もマスターすればそば屋もできるといった、変わった経歴の持主に違いない」（ヨーロッパからの発想）。西洋史学者の木村尚三郎氏は、これからの時代は乱世であると言われる。乱世とは一体どのような時代なのか。一般的に言えば、「乱世」などという言葉にうきあしだたぬ方がよく、まず私たちはこの現代を自分の眼でみつめ、過去を省み、新しい時代に期待すべきものが何であるかを思いめぐらす「心のゆとり」を確保することが大事であると思う。

あと二十年で二十一世紀になる。これからの時代はいよいよ世紀末ということになる。世紀末という言葉はあまり明るいひびきを持たぬようだが、ともかく地球上の人間は一人のこらず世紀末を過ごすこととなる。私たちにとっての年月は、かけがえのない人生の一部であるゆえ、世紀末であろうとなかろうと大切な時間として生きるほかはない。
聖書には次のように述べられている。
「わたしたちの住んでいる地上の幕屋がこわれると、神からいただく建物、すなわち天にある、人の手によらない永遠の家が備えてあることを、わたしたちは知っている。そして、天から賜るそのすみかを、上に着ようと切に望みながら、この幕屋の中で苦しみもだえている。それを着たなら、裸のままではいないことになろう。この幕屋の中にいるわたしたちは、重荷を負って苦しみもだえている。それを脱ごうと願うからではなく、その上に着ようと願うからであり、それによって、死ぬべきものがいのちにのまれてしまうためである。わたしたちを、この事にかなう者にして下さったのは、神である。そして、神はその保証として御霊《みたま》をわたしたちに賜わったのである。だから、わたしたちはいつも心強い。そして、肉体を宿としている間は主から離れていることをよく知っている。わたしたちは、見えるものによらないで、信仰によって歩いているのである。」（コリント人への第二の手紙第五章一―七節）
一般的に人々にとってこの世の「歴史」は希望をもたらすものであったのか、あるいは失望に終わるものであったのか。私たちは、この世界の進展に本当に期待することができるのか、あるいはいつも不安の中に立ちつくすことになってしまうのか。人間にとっては時代の流れの中にあって楽観と悲観の間を絶えずゆれうごいていることが似つかわしいのであろうか。一方、聖書は、まことにたのもしい歴史的感覚と意識を呼びおこしてくれる。すなわち、キリスト教信仰においては、神の救いの意志遂行をうつすものとしての歴史が、いまのわれわれの眼前にひろげられており、キリスト者は、復活者である主イエス・キリストの光のもとに歴史的な世界をみつめ、その意味をよみとり、主のめぐみと摂理を深くわきまえつつ、現在の日常の生活を遂行することが信仰生活であると教えられている。キリスト者は一見、どのように不安に見える歴史の断面にむかっても、なお神の深い憐れみと慈愛とがそそがれていることを信じ、一方、如何に人類の栄光に輝く平和に見える時代においても、その背後にある、人間のおごりや不義の潜在することを忘れないであろう。聖書は、この歴史的世界に生きる究極の目的が、人間の栄光を謳歌することにあるのではなく、創造者なる神の栄光の賛美にあると告げている。私たちは聖書に親しみ、個人としてまた、人類の一員としての生き方を尋ね、新しい時代に処したいと思う。

（東京女子大学文理学部『宗教部ニュース』一九七九年）

3　信仰者の前進

ローマ人への手紙第一章一七節には「神の義は、その福音の中に啓示され、信仰に始まり信仰に至らせる。これは『信仰による義人は生きる』と書いてあるとおりである」と述べられてある。

一般的に言えば、キリスト者においては、求道・入信（受洗）・信仰生活上のたたかいとあゆみ、と言うように、一歩一歩の前進が期待されており、現に展開されているのである。そのような信仰者のあゆみの導き手であり推進者である「神の義」については、

「しかし今や、神の義が、律法とは別に、しかも律法と予言者によって、あかしされて、現された。それはイエス・キリストを信じる信仰による神の義であってすべて信じる人に与えられるものである。」（ロマ書第三章二一―二二節）

と述べられ、また、

「律法による自分の義ではなく、キリストを信ずる信仰による義、すなわち、信仰に基く神からの義をうけて、キリストのうちに自分を見いだすようになるためである。」

（ピリピ書第三章九節）

と告げられている。

私は「キリストのうちに自分を見いだすようになる」という言葉に注目したいと思う。これは信仰より信仰に進みゆき、私たちの到達すべき最終目標を示すものである。このパウロの言葉のあとには、「わたしがすでにそれを得たとか、すでに完全な者になっているとか言うのではなく、ただ捕えようとして追い求めているのである。……後のものを忘れ、前のものに向ってからだを伸ばしつつ、目標を目ざして走り……」という文章を読みかえすごとに、大きな激励をうけるのである。現実における私たちのあゆみはまことに微々たるものであり、全く遅々としているかもしれない。しかしすでに目標は明らかである。私たちもパウロに続いて信仰の道を進みたいと思う。

一九一八年にスタートした東京女子大学は、今年四月三十日に創立六十周年を迎えた。その間、我が国は勿論、全世界は大きな試練を経験した。その激動の中で、本学も様々なこころみをうけ、また生長し、今日に至っているのである。六十周年記念式典の折に配布された『学報抜萃文集』には歴代の学長のメッセージの数々が集録されてある。それぞれの文章には時代の困難に対処され、全学を導かれた歴代の学長の御苦心がひしひしと感ぜられる。第七代目学長の宮本武之助先生は、

「東京女子大学は、歴史的な存在としてのみずからを絶えず新しく基礎づけるものをその具体的構造のなかにではなく、それを越える層のなかにもっている。私はこれをこの大学のもつ深層と名づけたい。……東京女子大学は、新しいものを生みだす志向性をその深層においてもつゆえに……。」

と述べておられる。

私は「志向性をその深層においてもつ」という言葉はなかなか意義深いものと思う。キリスト教信仰に則して言えば、パウロが述べているような、後のものを忘れ、ただ目標を目ざして前進するという、信仰者の祈りと望みと黙々と続ける努力そのものがこの大学の深層の少なくともその一部をつくっているのではないかと思う。今後、この大学が色々の

場面で新しいものを生み出す生命力と志向性とを保ち続けることができるよう、教職員も学生も皆がそれぞれの立場で努力したいと思う。

（東京女子大学文理学部『宗教部ニュース』一九七八年）

4　聖霊の宮

今朝はコリント人への第一の手紙の第三章と第六章を中心にして、「聖霊の宮」について学び、また想いを深めたいと思います。

まずはじめにこの手紙がどのような情況のもとで書かれたものか、これについて述べてみましょう。

パウロはアンティオケアを出発して、第三回の伝道旅行をはじめます。やがて、活動の舞台はエペソに移りますが、そのエペソから弟子を派遣してコリントの教会を指導することになります。パウロはエペソに落着いて伝道に集中しようとしますが、自分の去った後のコリントの教会には心にかかる二、三の問題がありました。

そもそも当時のコリントは、ギリシャの古い都市であり、地理的な好位置のため東西貿易の中心地となり、人口も増加し、外国人も多くなり、労働者や都市生活者が急増し、また、富裕階級も生じ、世俗化によって風俗も頽廃しておりました。当時の人々は「遊蕩すること」を諺で「コリントの如くする」と言うほどでした。しかし、その一方では文芸・学術の文化活動も隆盛となり、ギリシャの哲学者キケロは「コリントは全世界の灯台である」と述べています。現代のニューヨーク、パリと言ったところです。そのような繁栄した大都市のただなかの教会には色々な問題がありました。

その第一は、コリントの人々の道徳的腐敗の教会員への影響です。第二には「主イエスの復活」についての種々の疑惑・謬説など、教会内の論争でした。パウロはこれらの問題について、次の四つの要点について対処してゆきました。

㈠教会内の派閥あらそいの防止。㈡風俗的弊害の矯正。㈢教理上の疑問を明解にする。㈣道徳的頽廃と戦うための実際的訓練――具体的活き方の指導。これらの問題は、何時の時代でも教会の活動とキリスト者の生活にとって重要な事項です。

コリント人への手紙について古典的研究をのこされた、英国のG・キャンベル・モルガン博士は「コリント人への第一の手紙の第三章―第六章に述べられている『聖霊の宮』と言う、この言葉は暗い背景全体をどれ程、明るくすることであろうか」と述べています（G・C・モルガン『新約聖書註解　コリント人への手紙』いのちのことば社、二〇〇〇年）。この暗い背景というのは、言うまでもなく、当時のコリントの教会をとりまく、社会の頽廃です。残念ながら人間が営む社会には、何時の時代でも、きらびやかな生活の背後に暗い現実があります。私たちは、外見的には繁栄している日本の現代社会の奥にある「暗黒」――神を忘れた、拝金主義の横行をみのがすことはできないと思います。

コリント人への第一の手紙の第三章九節には「わたしたちは神の同労者である。あなたがたは神の畑であり、神の建物である」と述べられており、一〇節以下には、神の建物の土台の上に、金、銀、宝石、木、草、またわらを用いて建てることになるので、土台の上に建てられる建物という成果は、かの日には火によってためされることがあるという厳しい指摘がなされています。

神の導きと励ましによって、私たちは神の同労者となり、主イエスに全き信頼をささげ、主の復活の霊に導かれて誠実な信仰生活を貫くならば、火によってもおかされることのない神の宮となり、聖霊を注がれるものとなることが示されています。

第三章一六節には「あなたがたは神の宮であって」と複数で示されていることに注意することが大切です。教会にまねかれている、あなたがたは全体として神の宮であって、主イエスを信ずる人々が、神の御恩寵を感謝し、折りを共にし、御名をたたえる信仰の場、すなわち教会が神の宮であると告げられているのです。

神の宮について、第六章一九―二〇節に「あなたがたは知らないのか。自分のからだは、神から受けて自分の内に宿っている聖霊の宮であって、あなたがたは、もはや自分自身のものではないのである。あなたがたは、代価を払って買いとられたのだ。それだから、自分のからだをもって、神の栄光をあらわしなさい」と述べられています。私たちは、代価を払って買いとられていることに細心の注意をむけたいと思います。

私たちが、罪に陥った空疎な生活から贖い出されたのは主イエスの尊い血潮によったのです。私たちはそれぞれの人生のある経過のうちに、教会に召し集められ、信仰告白をなし、洗礼を受け、聖霊を注がれ、信仰者として神の子らとしての生活をはじめているのです。
主イエス・キリストの十字架の贖いにより、罪と死から解き放たれ、主の復活の命《いのち》にあずかるものとせられる時、私たちは心の底から神を畏れ、神を崇め、また神を喜び、信仰者として生かされるめぐみを、大いなる祝福として感謝するに至ります。私は、かつて熊野義孝先生が「私たち、キリスト者は神様のめぐみにとりかこまれている」と述べられたことを想い起こします。

私たちはこの現実社会のそれぞれの場において、主婦として、職業人として、また学生として様々なわざに従事しています。外面的には千差万別ですが、「聖霊の宮」とせられている信仰者には一つの共通項があります。

それは、日々の生活が聖日の礼拝によって始まり、日ごとに「主の祈り」が祈られ、一日の終わりが祈りによって、しめくくられるということです。これは一見、まことに平凡なことに思えるのですが、「聖霊の宮」が暗い背景に光を放ち続けるためには、この祈りに支えられた日常が不可欠であると思います（二〇〇三年五月十一日の説教に加筆したものです）。

（荻窪南教会四十周年記念誌『わたしはぶどうの木あなたがたはその枝である』二〇〇六年十一月）

5 福音、宣教の場——その聖なる明るさ

私は一九五〇(昭和二十五)年に東京女子大学の生物学教室に職を得て、研究と教育に従事することになった。その十二年後の一九六二(昭和三十七)年には、東京神学大学から基礎教育を担当する兼任教授として就任することをもとめられた。高木貞二学長の了承を得て、四月から兼任となり、「生物学」と「自然科学概論及び科学史」の二科目の講義を行なうことになった。

就任して間もなく、私は係りの方から「六月のはじめに礼拝の奨励をしてほしい」と告げられた。東京神学大学では毎日、十時三十分から、十一時まで三十分間の礼拝が行なわれていたのである。係りの方は、「本学では専任者は勿論、兼任者も非常勤の先生方もすべて担当して頂いております」と話されたので、私はのがれることはできないと覚悟し、受諾した。

しかしこれは私にとってはまことに重大なことであった。礼拝には桑田秀延学長をはじめ、熊野義孝先生等、キリスト教や神学の専門の先生方と新進気鋭の神学生を含む約百人の人々が出席しておられたのである。それらの錚々たる方々を前に平信徒である私が奨励を述べることはまことに気の重いことであった。

私は祈りながら懸命に準備をすすめ、いよいよ当日になった。題は「植村正久と使徒行伝」でありその中心は、一九五五（昭和三十）年五月に、武蔵野教会設立二十五周年記念礼拝における、佐波亘先生（大森教会牧師）の「日本の使徒行伝」と題する説教をうかがった折の感動である。

当日、奨励を担当する礼拝の場においてまことに貴重な経験をすることになった。私は礼拝の始まる十分程前に、礼拝堂の講壇の奥にある椅子にかけ、会衆と向き合い、奏楽に聴き入り、心を鎮めた。視界には忘れ難い光景がひろがった。

中央にある説教台の真下から礼拝堂の入口までは広い通路になり、その延長線上に道が伸びキャンパスを貫いている。その白っぽいコンクリートの路上には礼拝堂をめざす教師や学生たちの姿があらわれ、三々五々静かに、厳粛に近づいてくる。その光景は私の脳裏にやきついた。礼拝の開始を待つそのわずかな一時、私の心にうかんだのは次の聖句であった。

「わたしは、天においても地においても、いっさいの権威を授けられた。それゆえに、あなたがたは行って、すべての国民を弟子として、父と子と聖霊の名によって、彼らにバプテスマを施し、あなたがたに命じておいたいっさいのことを守るように教えよ。見よ、わたしは世の終りまで、いつもあなたがたと共にいるのである。」（マタイによる福音書第二八章一八―二〇節）

「今、ここにある東京神学大学の存在とその働き、この国における宣教活動は勿論、さらには全世界における宣教活動のそもそもの出発は、この主イエス・キリストのメッセージに発するのだ」という想いが脳裏にうかんだ。またこのような想いを懐きつつ、目にしているこの光景は何と美しいことであろうか、説教台の真下からのびる中央の通路はキャンパスの緑につらなり、六月の快晴のこの日のすがすがしさは格別である。私の目には、それらすべては《神聖にして、まことに晴れやかな、美しく明るい光景》として眺められた。

「神聖にして晴れやかな光景」は、私が親しんでいる次の情景にも通じるものである。その昔アシジのフランシスはある晴れた日、野にいでて小鳥たちに説教をしたという。そこには神聖な明るい時が流れていたに相違ない。またさらに、想像力は次の光景に導いてくれる。それは主イエスの山上の説教の場である。そこには、まさに福音の光が豊かにあふれていた。福音の宣教の場は祝福に満ちて永遠に明るい（二〇〇七年二月四日の説教の一部）。

（日本基督教団武蔵野教会伝道所荻窪南教会誌『こいのにや』一五号、二〇〇七年三月）

6　福音の光のもとに

聖書には「あなたがたは地の塩である。もし塩のききめがなくなったら、何によってその味が取りもどされようか。もはやなんの役にも立たず、ただ外に捨てられて、人々にふみつけられるだけである」（マタイによる福音書第五章一三節）とある。さらにこの聖句の後に続いて「あなたがたの光を人々の前に輝かし、そして、人々があなたがたのよいおこないを見て、天にいますあなたがたの父をあがめるようにしなさい」（同、一六節）と述べてある。これらの言葉を前にする時、私たちの心は決して安らかではない。それはこの聖句が、キリスト者の倫理的自覚と責任とを、常にきびしく呼び覚ますからである。私たちはこれらの言葉に対して消極的にならず、むしろ積極的に正面より堂々と、かつ真剣に対応しなければならないと思うのである。

しかして、その対応の仕方は、この世に処する信仰者としての具体的な生き方となって展開するものであり、しかもその内容は、各人によってさまざまな多様性を示しながら、くりひろげられていく。しかしそれはどのように展開されようとも、究極的に期待される、共通項としての一点があるのではないか？　これは私にとって重要なる設問の一つである。

私たちは、東洋の島国の中の小さな大学の一員として自らの生活を支えている。大学に身をおく以上は、なんらかの意味で教育活動と、それにかかわるささやかな研究活動を細々ながらいとなんでいる。学生諸君もこれらの大学のいとなみに直接・間接に参加している。すべてこれらの活動の意味は一体なんであるのか、その究極的な意義はあるのだろうか。ある見方をすれば、私たち教師にとっては、大学における活動は生活の資を得る一手段であり、学生にとっては将来の生活のための投資を意味するかも知れない。しかし、大学における各種のいとなみを、情報や知識の売買のみであると言い切ることはできないであろう。常識的にきこえるかも知れぬが文化的世界における寄与を数えることができる。ここで私はこの文化的活動や価値について信仰者としていかに対応すべきかという一つの問題をもつ。

文化の世界における私たちのささやかないとなみを、信仰者の眼をもってみつめ、聖書の告げる福音の光によって照らし出すことはできないものであろうか。これは私にとって重要な第二の設問である。

もし私たちの苦労して生み出す学問が、いかにささやかなものであっても、真実に丹誠がこめられたものであり、学問としての本当の内容のあるものならば、これは私たちに許された「小さな光」となり得ないものであろうか。このささやかな私たちの行為をもって間接的ではあれ、究極的には天にいますわれらの父をあがめることに役立たしめることはできないものであろうか。もちろんこれらのことは、そうたやすくは肯定されるべきものではないのかも知れない。しかしこの問題を私はしばらく問い続けたいと思う。

最後に私は極めて素朴な所感を述べたい。

私は自然界を科学という一つの窓を通して眺めている。そこには驚くべき秩序のあることを知り、その美しさにうたれ、宇宙万有の創造者としての神の御わざに賛美の声をあげる。この意味では科学もまた、神の栄光をたたえる材料の提供者となり得るように思われる。私は人間のいとなみの一つである科学という学問を福音の光のもとに照らし出し、深くみつめてみたいと思う。

（東京女子大学文理学部宗教部編『凡そ真なること』一九八四年）

あとがき

今年の六月二日に私は満九十五歳の誕生日を迎えることになりました。この時期に及んで、本書を出版出来ましたことは誠にうれしく感謝にたえません。

これは、一言でいえば、私の人生が、祖父母はじめ、父母、兄弟姉妹、妻、子息、数々の恩師、友人などに恵まれたことにもとづくものであります。有り難いことであります。

とくに本書の出版に関しましては、一九九〇年以降、ご交誼をいただいております、南窓社の岸村正路社長、松本訓子様、黒田裕美様、佐田光代様のご配慮とご尽力によるものであります。本書はまことに愛らしい見事な書物になりました。心から厚く御礼申し上げます。誠に有り難うございました。

これからの時代は科学がますます進展し、若い科学者たちが多数登場してくると思います。私は彼らがそれぞれの分野で活躍するとともに、自己の霊性を深めつつ人間としてよく生きることを願います。本書がそのためにお役に立つことを期待し、かつ祈るものであります。

二〇一九年二月八日

鳥山英雄

著者略歴

一九二四年六月　仙台市に生まれる
一九四三年三月　札幌第一中学校卒業
一九四五年十月　北海道大学農学部農林専門部卒業
一九四九年三月　北海道大学理学部植物学科卒業（植物生理学者坂村徹先生の指導を受く）
一九五〇年四月　東京女子大学文理学部生物学教室に勤務
一九五九年十二月　理学博士の学位を受く
一九六二年四月―一九九三年三月　東京女子大学教授
一九九三年四月　東京女子大学名誉教授
一九六九年九月―一九七〇年十月　米国オハイオ大学客員教授
一九九〇年四月―一九九二年九月　International Study Center "Before Day"（在ナポリ、イタリア）客員研究員
一九九一年九月　Premio Internazionale Mediterraneo d'Oro（国際地中海金賞）を受く
一九九一年十二月　Premio Internazionale《Vita di Artista》（学芸に関する国際賞）を受く
二〇〇二年四月　叙勲　勲三等瑞宝章
二〇一二年十月　日仏サロン文化協会よりサロン文化賞を受く

付記

一九五〇―一九六〇年の間に青山学院・恵泉女学園高等部・鷗友学園高等部・東京大学・北海道大学・信州大学の非常勤講師、東京神学大学兼任教授及び非常勤講師をつとめる

一九七六―一九七八年　米国のNational Science Fundation（国立科学財団）審査委員

一九七九年からキトロギア（国際細胞学雑誌）の常任委員、原稿審査委員

著　書

『一般教育生物学』（共著）、東京教学社、一九五九年（韓国語訳あり）。

『人間生物学――生命と環境』（共著）、開成出版、一九七五年。

『死と生を考える』（共著）、ヨルダン社、一九八八年。

『生命・科学・信仰――一生物学者の思索と随想』南窓社、一九九〇年。

『雲と地震予知の話』（鳥山英雄監修、呂大炯著、柳修彰訳）、凱風社、一九九〇年。

『ネムの木は地震を予知する』ごま書房、一九九二年（中国語訳あり）。

『樹木・大地・地震――植物生理学と地球物理学の学際序説』丸善プラネット、二〇〇八年。

『学究生活七十年――北大で学び東京女子大学で講じたこと』南窓社、二〇一四年。

その他論文多数（『学究生活七十年』をご参照ください）。

鳥山英雄（とりやま　ひでお）
現住所　〒 251-0002 藤沢市大鋸 1-1-15 センチュリーハウス藤沢
電　話　0466-22-0662

宇宙は一つの燭台

二〇一九年三月十五日発行

著者　鳥山英雄
発行者　岸村正路
発行所　株式会社　南窓社
東京都千代田区西神田二―四―六
電　話（〇三）三二六一―七六一七
FAX（〇三）三二六一―七六二三
E-mail　nanso@nn.iij4u.or.jp

ISBN 978-4-8165-0449-5